# DES SIGNES

## ET DE L'ART DE PENSER

### CONSIDERES

## DANS LEURS RAPPORTS MUTUELS.

# DES SIGNES

## ET DE L'ART DE PENSER

### CONSIDÉRÉS

## DANS LEURS RAPPORTS MUTUELS.

---

*Deus ille Princeps parensque rerum nullo magis hominem distinxit a cœteris animalibus, quam dicendi facultate.*

Quintil. Inst. Orat. liv. 2. chap. 1.

---

Par Jh. M. DEGERANDO.

TOME Ier.

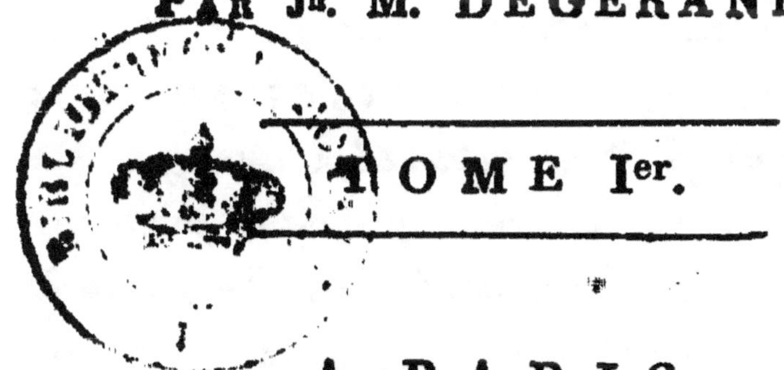

A PARIS,

Chez Goujon fils, Imprimeur-Libraire, grande rue Taranne, no. 737.

Fuchs, Libraire, rue des Mathurins.

Henrichs, à l'ancienne Librairie de Dupont, rue de la Loi, No. 1231.

---

AN VIII.

# AVERTISSEMENT

## DE L'AUTEUR.

L'INSTITUT national de France ouvrit en l'an 5, et renouvela en l'an 6, un concours sur la question suivante :

Déterminer quelle a été l'influence des signes sur la formation des idées.

Le prix fut décerné, dans la séance du 15 germinal an 7, à un Mémoire que j'avois adressé, portant la même épigraphe et le même titre que cet Écrit.

Je m'étois engagé à faire imprimer ce Mémoire; mais avant de le publier, j'ai voulu le corriger avec soin, et je me suis trouvé avoir fait un nouvel Ouvrage.

Tout ce qui se trouvoit dans le premier a été à-peu-près conservé dans le second. Mais les conseils de mes amis, les entretiens de quelques hommes éclairés, le progrès de mes propres réflexions, m'ont conduit à donner à quelques parties des développemens plus étendus, à examiner des questions que j'avois négligées.

C'est sur-tout dans la seconde partie de cet Ouvrage que j'ai fait de plus grandes additions. J'ai cru devoir étudier avec plus de soin la langue des différentes sciences, et soumettre à une analyse plus sévère les divers projets imaginés pour la création d'une langue philosophique et universelle.

J'ai cherché aussi à donner à mon travail une forme plus populaire. Il m'avoit suffi d'abord de dire la vérité ; j'ai dû maintenant m'attacher sur-tout à la rendre utile.

J'ai conservé le même plan, le même ordre et les mêmes divisions principales.

Je n'ai retranché que quelques chapitres sur divers systèmes de métaphysique, et en particulier, sur la philosophie allemande, qui ne m'ont pas semblé nécessaires à mon plan, et qui exigeoient des détails dans lesquels il eût été trop long de s'engager.

Quoique ce travail ait été refait trois fois avant d'être livré au public, et que j'y aye apporté tous les soins dont j'ai été capable, je suis loin de le produire avec une certaine confiance. J'y trouve, en le relisant, de grands vides et de nombreuses imperfections.

La première cause en est sans doute dans la trop grande limitation de mes connoissances acquises ; car, la science de l'esprit humain renferme la théorie générale et commune de toutes les autres sciences ; et de-là vient sans doute qu'elle est, de toutes, la plus difficile et la dernière à se perfectionner. La seconde cause est dans la nature même des questions que j'ai traitées ; elles présentent un fonds de réflexion presqu'inépuisable ; il arrive donc que l'on s'instruit en écrivant, et que le travail consacré à transmettre ce que l'on sait devient une sorte d'expérience qui fait découvrir de nouveaux résultats.

Si je demande de l'indulgence pour le fonds des choses, j'en demande une bien plus grande encore pour la manière. On sait en général que le style d'un ouvrage de Philosophie ne doit pas être jugé aussi sévèrement que celui d'une production simplement littéraire ; les idées demandent une trop forte attention, pour qu'il en reste beaucoup à donner aux mots. Je me suis trouvé d'ailleurs, à cet égard, dans une situation plus particulièrement défavorable. J'ai employé à reformer mon Ouvrage, le temps que je comptois donner à le mieux écrire.

Le sentiment que j'ai de ce qui manque à cette production répond assez de la reconnoissance avec laquelle je recevrai les observations que les hommes éclairés voudront bien m'adresser.

Il s'est glissé dans le premier volume plusieurs fautes typographiques qui dénaturent entièrement le sens, et que je prie les lecteurs de corriger avant de lire.

20 pluviose an 8.

# INTRODUCTION.

Sɪ j'ai choisi pour épigraphe la sentence de Quintilien qu'on voit en tête de cet écrit, c'est qu'en effet, rien n'avertit mieux le philosophe des étroits rapports qui unissent le langage à l'art de penser, que la comparaison des facultés qui se déploient dans l'homme civilisé, et de celles qu'on retrouve dans le reste des animaux. L'homme privé, dès sa naissance, du commerce de ses semblables, et de l'usage de tous les signes que ce commerce nous conduit à instituer, ne s'élève point au-dessus du cercle étroit dans lequel végète la brute que nous vouons au mépris, et à laquelle nous daignons à peine accorder quelque portion de notre intelligence. On connoît l'histoire du jeune homme trouvé dans les forêts de Lithuanie, qui donna lieu aux observations consignées dans les Mémoires de l'Académie des Sciences. On connoît celle de la Sauvage Champenoise. On sait qu'ils ne différoient en rien des animaux au milieu desquels ils s'étoient trouvés jusqu'alors exilés. Ils avoient leurs penchans, leurs habitudes, leur industrie; rien en eux n'annonçoit la présence de cette raison qui réfléchit, qui combine, qui règle toutes nos facultés, et fait de l'homme un être pensant. Quel est donc cet art admirable à la présence duquel l'homme s'éveille et commence à être lui-même, les sociétés naissent et se forment, l'industrie prend son essor, tous les prodiges de la raison se manifestent, et dont la puissante influence étoit attendue pour féconder le vaste champ où sont déposés tous les germes des facultés humaines?

Il est impossible de méditer quelques instans avec attention ce grand et étonnant phénomène : L'*homme élevé, par l'usage des signes, à la dignité d'homme,* sans s'appercevoir qu'il doit renfermer les plus précieuses et les plus importantes données, pour la solution des problêmes qui composent l'étude de l'intelligence humaine. Soit que nous voulions observer l'action que nous exerçons sur le langage, ou la réaction qu'il exerce sur nous, cette recherche devra nous faire mieux connoître ce que nous sommes, et ce que nous pouvons devenir.

Et d'abord, lorsque nous voulons réfléchir sur nous-mêmes, pour nous composer un tableau exact des facultés naturelles de notre esprit, et de la manière dont il opère, outre que ces recherches sont par elles-mêmes très-abstraites et très-difficiles, elles ne nous montrent nous-mêmes à nos propres yeux, qu'au travers des modifications de toute espèce que les circonstances ont fait subir à nos facultés primitives, modifications qui sont aussi variées que les circonstantances qui les produisent. Nous essaierons souvent envain de démêler dans des effets si compliqués ce qui nous appartient en propre, de ce qui est dû à chaque occasion étrangère. C'est donc sur-tout en s'attachant à saisir les effets extérieurs qui sont résultés de l'action de nos facultés, c'est en étudiant de préférence ceux qui se manifestent à la naissance même de ces facultés, ceux qui sont communs à tous les hommes, qu'on pourra obtenir des notions exactes sur le caractère essentiel de notre entendement. Or le langage remplit précisément ces deux conditions. Puisqu'il est à nous, puisque nous sommes capables de le créer, de l'apprendre, d'en faire usage, il suppose donc en nous l'existence des facultés qui exécutent ce travail ; il devient comme un monument sensible qui nous en retrace l'action, qui nous en révèle la puissance, monument à la fois le plus ancien et le plus magnifique de tous ! Monument qui atteste, j'ose le dire, notre dignité en même-tems que notre foiblesse ! C'est ainsi que les armes, les instrumens des anciens apprennent encore à leurs neveux, quelle devoit être la force de leurs bras et leur habileté dans les arts. C'est ainsi que les coquillages et les substances marines déposées dans le sein de nos montagnes, peuvent nous aider à concevoir encore, à travers une longue suite de siècles, l'état dans lequel notre globe dut se trouver, avant qu'il fût devenu tel qu'il s'offre à nos yeux.

Mais en nous faisant connoître la nature des facultés qui surent le mettre en œuvre , le langage doit nous aider aussi à mieux pénétrer le secret de cette pensée qu'il est destiné à traduire. Comme il est naturel que nous ne cherchions à exprimer nos idées , qu'à mesure que nous les remarquons , et que les idées ne naissent , à proprement parler , qu'au moment où elles sont remarquées par notre esprit , comme aussi le langage conserve en lui-même quelques indications de l'ordre dans lequel il fut institué , son étude peut nous aider puissamment à reconnoître la génération de nos idées et les rapports qui existent entre elles. Il est pour nous comme ces traces que le pied du voyageur imprime dans les sables d'un vaste désert, et qui le guident quand il veut revenir sur ses pas. Au moment même où nous parlons , il doit être la représentation fidèle de ce qui se passe dans notre esprit, sans quoi nous ne serions point compris de ceux qui nous écoutent. Il fixe donc, en quelque sorte, cette pensée fugitive ; il donne un corps à cette pensée invisible ; il devient un miroir où l'homme étonné apperçoit sa propre intelligence.

Si nous voulons ensuite considérer le langage comme une cause, ou du moins comme une occasion , si nous voulons observer les effets qu'il produit ou qu'il détermine, on comprend que cette recherche devra nous fournir à son tour de bien utiles lumières. En effet, quelles que soient les facultés que l'homme tenoit déjà des bienfaits de la nature, ces facultés, sans le secours du langage, seroient en nous oisives et impuissantes ; elles ne pourroient pas davantage engendrer la pensée, que le beau génie de Lavoisier n'eût su renouveler la face de la Chymie, s'il se fût trouvé dépourvu d'instrumens et de machines. En examinant comment le langage agit sur nous ; nous devrons donc découvrir quelles sont les conditions nécessaires à l'exercice et au développement de nos facultés, quelle est la manière dont elles se déploient, la marche qu'elles suivent, les appuis qu'elles invoquent. Et cette première découverte nous conduira à des résultats plus importans encore, parce qu'ils sont pratiques ; elle nous fera entrevoir quels sont les moyens auxquels nous devrions recourir pour faire subir à notre esprit un nouveau perfectionnement ; elle indiquera à la philosophie la route qu'il lui reste à tenter encore ; elle préviendra les hypothèses gratuites auxquelles pourroit nous entraîner le besoin d'assigner des conditions certaines à l'avancement de nos connoissances. Ainsi pendant que nous completterions d'un côté le tableau de nos facultés, nous formerions de l'autre celui des lois qu'elles suivent, et après avoir reconnu toute l'étendue de nos forces, nous saurions aussi discerner tout ce qui nous manque.

Cependant le langage et les questions qui s'y rapportent, ont pendant long-tems occupé bien plus les grammairiens et les rhéteurs, que les philosophes. On y voyoit la matière de conventions qu'il étoit besoin de fixer, on y voyoit un mécanisme de moyens propres à exciter certaines impressions chez les autres hommes, et qu'il importoit de perfectionner ; à peine avoit-on apperçu dans les signes des moyens de développement pour notre esprit, à peine avoit-on soupçonné qu'il falloit aussi donner des lois au langage que l'homme se parle lui-même. On s'attacha donc plutôt à déterminer les rapports de l'art des signes à l'art de parler et d'écrire, que de rechercher ceux qui le lioient à l'art de penser. Et lorsqu'on voulut traiter ce grand art, en fonder les principes dans cette science qu'on appelle la Logique, on l'envisagea d'une manière toute abstraite ; on prétendit étudier la nature de nos idées, sans s'arrêter aux pivots sensibles qui les soutiennent ; on voulut évaluer les forces de l'esprit humain, sans estimer les secours qu'il reçoit. Si nous ouvrons les nombreux volumes que nous ont laissé les anciens métaphysiciens, nous y trouverons des traités sur les sens, sur l'imagination, sur chacune de nos facultés, sur les principes de nos connoissances, sur les occasions de nos erreurs ; nous y chercherons en vain un traité méthodique sur les Signes, un travail destiné à déterminer leur influence sur les progrès de notre esprit. Comment ne pas s'égarer dans le labyrinthe de nos opérations intellectuelles, lorsqu'on négligeoit de saisir le fil qui seul pouvoit servir à nous y diriger ? Comment former un système à la fois complet et solide, lorsqu'on s'attachoit seulement aux phénomènes qui formoient en quelque sorte les deux extrêmités de la chaîne, et qu'on négligeoit l'anneau intermédiaire destiné à les unir, et qui seul pouvoit nous conduire de l'un à l'autre ?

Il étoit réservé à la métaphysique moderne, de rectifier cette erreur et de suivre des procédés plus conformes aux leçons de la nature. Déjà la voix de Bacon s'élevant au-dessus des vains murmures de l'école, avoit appelé tous les bons esprits dans la route simple et sûre de l'expérience ; déjà il avoit averti le genre humain des vices de son langage et de la nécessité de le réformer. Il avait annoncé que nos signes ont aussi une influence qui leur est propre et *par laquelle ils réagissent sur l'entendement*. Locke et Leibnitz saisirent en même-tems cette grande pensée, et en développèrent, chacun autour d'eux, les premiers résultats. Ils nous apprirent combien le raisonnement devenoit incertain et défectueux dans un langage sujet à mille équivoques, et de quel nuage épais l'abus des mots couvroit pour nous le sentier qui conduit à la vérité. Ils nous montrèrent, dans le soin de déterminer avec exactitude le sens que nous attachons à nos signes, ce remède qu'on cherchoit vainement dans les formules dressées par l'école d'Aristote. Loke est admirable, lorsque, présentant l'exemple en même-tems qu'il explique le précepte, il nous raconte comment on s'est souvent égaré faute d'être resté fidèle à son langage, comment on s'est souvent livré à des disputes interminables, faute d'avoir su s'entendre. Le premier il nous a enseigné en quelle manière nous donnons des noms à nos idées simples, abstraites et complexes, il nous a fait voir que ce langage regardé seulement, jusqu'alors, comme un moyen de nous communiquer nos idées, servoit aussi, servoit sur-tout à les enregistrer dans notre esprit. Le premier il pénétra, le flambeau à la main, dans ce mystérieux abîme des essences où le génie de la philosophie s'étoit perdu jusqu'alors, le premier il osa attaquer cette espèce de superstition que d'anciens préjugés nous avoient inspiré pour les mots. Le premier enfin , en posant les principes de la véritable génération des idées, il nous remit sur la route des bonnes définitions, et nous indiqua le moyen pour refaire, comme dit Bacon, toute notre science.

Condillac marchant sur les traces de Locke, son maître, et plein de sa doctrine, a appelé plus particulièrement encore notre attention sur le système de nos signes , et les lumières qu'il y a répandues sont, à mon gré, le plus grand service qu'il ait rendu à la philosophie. Il nous a expliqué comment le langage décompose la pensée, la force en quelque sorte de nous rendre compte de ses élémens, et devient ainsi, pour emprunter son expression, une espèce de *méthode analytique*. En observant mieux qu'on ne l'avoit fait jusqu'alors le mécanisme du raisonnement abstrait, il a montré qu'il renfermoit une suite de traductions. On savoit que les signes se lioient à nos idées ; il a fait voir qu'ils se lioient aussi entre eux. On savoit qu'il falloit se fixer aux signes qu'on avoit choisis ; il a fait voir que leur choix n'étoit point aussi indifférent qu'on l'avoit pensé jusqu'alors, et il a développé les utiles propriétés d'un langage d'analogie. Enfin, quoique dans quelques-uns de ses ouvrages il n'eut point assez tenu de compte de la part que les signes prennent, comme instrumens, à certaines opérations de notre esprit (1), sur la fin cependant il l'avoit appérçu, il avoit pressenti ce que nous devions aux signes, ce que nous pouvons devenir par eux, et en annonçant que le perfectionnement du langage exerceroit une grande influence sur les progrès de nos connoissances, il a du moins le mérite d'avoir dirigé les travaux d'un grand nombre, l'intérêt de tous, sur la question importante qui nous occupe aujourd'hui.

Dans le nombre des recherches utiles qui ont servi à répandre un jour nouveau sur les rapports des signes à l'art de penser, il faut compter sans doute les sa-

________________

(1) Ainsi dans le traité des sensations, par exemple, il fait obtenir à la statue des idées complexes et abstraites, il lui fait exécuter des jugemens et des raisonnemens, il lui prête, en un mot, un dégré d'intelligence qui suppose évidemment l'usage des signes artificiels. Cette statue avec un seul sens, avec le moins instructif de tous, est déjà beaucoup plus savante et plus habile que le sauvage doué de tous ses sens, qui n'auroit point communiqué avec ses semblables.

vantes recherches de Court de Gebelin, dans son Essai sur l'origine du langage et de l'écriture. Quoique cet infatigable auteur ne soit proprement à la philosophie que ce que les antiquaires sont à l'histoire, il nous a cependant rendu d'importans services en rassemblant les monumens épars de la langue primitive. Il a confirmé par les faits ce que Condillac avoit annoncé de la génération successive des trois espèces de langages naturel, imitatif, arbitraire; il a prêté un nouvel appui à l'histoire que Locke avoit faite de nos idées. Le génie de la philosophie le guidoit dans ses observations. Sa Grammaire universelle mérite d'être étudiée par les métaphysiciens; car, il ne faut pas s'y tromper, les rapports des mots, dans le discours, sont toujours fondés sur les rapports des idées qu'ils représentent, et si une bonne grammaire pouvoit naître avant une bonne métaphysique, elle présenteroit le moule dans lequel celle-ci devrait être jettée. Le métaphysicien et le grammairien mesurent des proportions correspondantes, l'un sur la pensée, l'autre sur sa peinture.

Mais, quelque soit le mérite des découvertes que ces divers écrivains ont faites sur la liaison qui existe entre les signes et l'art de penser, ils sont loin d'avoir épuisé le riche sujet qu'elle présente à nos méditations. On ne sauroit guères considérer ces découvertes que comme des signaux placés de distance en distance pour nous guider dans notre route. Locke a senti lui-même que son travail n'étoit pas complet; il nous avoue que les idées qu'il expose sont plus souvent des apperçus qui s'offroient à lui en écrivant, que le produit des méditations qui le portoient à écrire. C'étoit assez pour sa gloire d'avoir donné l'être aux élémens de la métaphysique et de s'être montré sur ce vaste chaos, avec la puissance du créateur ; il a laissé à d'autres le soin d'ordonner et de mettre en œuvre les matériaux qu'il avoit mis sous leurs mains. Se bornant à envisager les signes sous leur point de vue le plus général, il ne cherche ni à tracer l'histoire de leur institution, ni à décrire les différentes propriétés qui appartiennent à leurs diverses espèces, ni à marquer les conditions d'un meilleur langage. Condillac a sans doute porté la lumière dans les régions les plus ténébreuses de la science de nos idées. Mais son génie, prompt comme l'éclair, traverse les espaces et ne s'arrête pas sur les objets ; souvent il indique la vérité, plutôt qu'il ne l'expose ; souvent il généralise un principe, sans en avoir visité les diverses applications. Il a montré quelques rapports communs de nos signes à nos idées, mais il n'a point recherché comment ces rapports se modifient , et selon la nature de ces signes , et selon la nature de ces idées. Il a fait voir que les signes forment une partie essentielle de nos raisonnemens , mais il n'a point étudié l'influence indirecte qu'ils exercent sur le développement de nos facultés ; il a dit en partie ce que les signes sont à notre esprit , mais il n'a point dit ce que notre esprit est aux signes, et comment il agit sur eux. Il a invoqué l'établissement d'une langue parfaitement aualogue , mais il n'a point tracé toutes ses règles , mais il n'a point détaillé tous ses avantages , mais il n'a point soupçonné ses inconvéniens , mais il n'a point examiné sa possibilité.

Je dois l'ajouter, au risque d'étonner quelques-uns de mes lecteurs ; si jusqu'à nous on avoit presqu'entièrement méconnu l'influence des signes, de nos jours, on s'en est exagéré l'étendue. On a passé en peu de tems d'un extrême à un autre extrême, on a traversé la vérité, écart très-fréquent en philosophie! car rien n'est plus voisin de l'ignorance d'un principe, que son excessive généralisation. L'imagination le reçoit des mains du génie qui vient de lui donner le jour, et le porte en triomphe jusqu'au faîte de nos connoissances; elle se plaît à lui prêter un empire sans bornes; la paresse de l'esprit, la vanité, conjurent avec elle pour l'affermir. Il est si commode et si beau de tout expliquer par une solution commune, et de n'avoir besoin que de connoître un seul fait pour tout savoir, ou du moins pour le paroître! Il y a une mode pour les opinions, comme pour les costumes; la nouveauté fait son charme, et l'imitation la propage. Condillac a commencé à donner l'exemple de ces écarts. C'est le caractère propre d'une conception prompte et vigoureuse de ne point s'arrêter dans de justes bornes. De-là, chez cet estimable écrivain, ces maximes trop absolues, *que l'étude d'une science se borne à apprendre une langue, qu'une science bien traitée n'est qu'une langue bien faite;* de là cette opinion hazardée, *que les mathématiques n'ont sur le reste des sciences d'autre privilège, que de posséder une langue meilleure, et qu'on procureroit à celles-ci une égale simplicité et une égale certitude, si on savoit leur donner des signes semblables.* (1) Le crédit que son autorité prêtoit à ces assertions, la fausse interprétation que l'on a donnée à quelques autres, sur-tout l'espérance séduisante, il faut le dire, pour tous les amis de la vérité, de mettre fin à toutes les disputes, de prévenir toutes les erreurs, d'ouvrir la

---

(1) C'est sur-tout dans l'ouvrage posthume qu'on nous a donné de lui, sous le titre de *Langue du Calcul*, que ces opinions sont énoncées. V. tom. 1 pag. 7, 8, 218.

voie à toutes les vérités, par un moyen aussi simple que la réforme des langues, ont bientôt fait naître et répandu si non la conviction, au moins le soupçon, que dans l'art des signes, dans ses mystérieuses profondeurs, pourroient bien être renfermés tous les secrets desquels dépend le perfectionnement de l'esprit humain.

Je ne saurois m'étendre davantage sur ce sujet sans intervertir l'ordre des choses, et sans anticiper sur ce que j'ai à dire dans le cours de cet écrit. Il me suffit d'annoncer qu'il est destiné à démontrer à la fois qu'on a jusqu'ici toujours attribué aux signes trop ou trop peu d'influence, qu'on a trop négligé les secours qu'on en pouvoit emprunter, ou qu'on a trop attendu d'eux. Cette double démonstration se réduit en effet à une seule. Si l'on a supposé aux signes une efficacité qu'ils n'ont pas, c'est qu'on n'avoit pas bien connu la véritable raison de l'influence réelle qu'ils exercent, c'est qu'on n'a eu qu'une idée vague de la manière dont ils agissent. Lorsqu'on généralise trop un principe, la raison en est toujours qu'on ne l'a pas analysé avec assez de soin, pour se rendre un compte exact des conditions qu'il renferme. Tous les objets se ressemblent quand on ne les voit que de loin ; et de là vient sans doute que les demi-savans croient pouvoir juger de tout et sont les plus affirmatifs de tous les hommes. Et ceci explique ce que j'annonçois tout-à-l'heure , que Condillac n'en a pas assez dit sur les Signes, et en a trop dit cependant ; c'est parce que ses observations ont été imparfaites , que ses déductions se sont trouvées trop étendues.

Sans doute de nombreux exemples nous autorisent à attendre encore du perfectionnement de nos signes un grand secours pour le perfectionnement de notre esprit. On observe que les sourds-muets de naissance , lorsque l'art n'est point venu leur apprendre à joindre les signes de l'écriture à ceux qu'ils se sont faits à eux-mêmes, se trouvent restreints dans le cercle d'idées leplus étroit , et qu'il n'existe guère pour leur esprit alors que les images sensibles des objets matériels et familiers qui les entourent. On observe que l'intelligence des enfans se développe , à mesure que nous les initions à nos signes , et que la langue d'une société se réforme, s'enrichit, à mesure que cette nation se civilise et s'éclaire. On remarque enfin , que celles de nos connoissances qui jouissent d'une certitude plus absolue , sont aussi celles qui possèdent une langue meilleure , et que souvent l'établissement d'une nomenclature plus raisonnable suffit pour déterminer de grands progrès dans une science. Cependant, pour ne tirer de ces exemples que de justes et sûres inductions, il faudroit bien examiner trois choses qu'on ne s'est guère encore donné la peine de considérer ; la première, si aucune circonstance ne concourt avec l'influence des signes aux effets que l'on observe ; la seconde, si l'établissement d'une langue meilleure seroit toujours également possible, et si elle ne suppose pas des conditions qu'on soit quelquefois hors d'état de remplir ; la troisième enfin, si l'établissement de cette langue seroit toujours également utile, et si la différente nature de nos diverses connoissances permet d'espérer dans chacune d'elles les mêmes avantages d'un procédé semblable.

C'est un grand et intéressant problème, que celui des moyens qui peuvent conduire l'esprit humain à son plus haut perfectionnement. Mais celui-là seul peut espérer de le résoudre, qui aura déjà bien compris comment nous nous sommes élevés jusqu'au point que nons occupons. Sans cela, il ressembleroit à ces empyriques qui prétendent guérir nos maux et prolonger notre vie, lorsqu'ils ont à peine quelque idée de la constitution de ceux qu'ils traitent, et de l'anatomie générale du corps humain.

J'ai donc pensé qu'il falloit d'abord recueillir toutes les lumières que l'observation nous fournit sur notre état passé, avant de hasarder des hypothèses sur nos progrès à venir; j'ai cherché à me bien définir les secours que nous tirons des signes, avant de prononcer sur ceux que nous pouvons encore en recevoir. Or, la méthode que j'ai suivie dans mon travail règlera l'ordre que je suivrai dans cet écrit. Pour l'ordinaire, il n'est pas de meilleure route pour conduire les hommes à la vérité, que celle qu'on a suivie soi-même en la cherchant. D'ailleurs, ici elle m'était tracée par la nature même des choses. Cet ouvrage sera donc divisé en deux parties. Dans la première, analyste des faits, je ferai l'histoire de ce que nous avons été, je présenterai le tableau de ce que nous sommes, j'examinerai comment notre esprit s'est aidé des signes, en quoi ils ont influé, ou sur les progrès, ou sur les défauts de nos connoissances. Dans la seconde, fondant une théorie, je chercherai à estimer ce que nous pouvons devenir encore, à découvrir les causes qui sont propres à nous y conduire, à connoître de quelle perfection les signes sont susceptibles, et quels effets on pourroit attendre des réformes auxquelles ils seraient soumis. Ainsi, dans la première partie, je consulterai l'expérience, dans la seconde, je prescrirai des règles; l'une sera consacrée aux principes, l'autre aux déductions. Dans l'une, je dirai ce que je sais, et dans l'autre plutôt ce que j'espère.

La première partie renfermera la réponse au sens littéral de la question proposée par l'institut ; *elle expliquerà quelle a été l'influence des signes sur la formation des idées.*

La seconde entrera plus particulièrement dans les vues qui ont animé l'institut dans le choix d'un pareil sujet. Elle répondra aux questions de détail qui se trouvent jointes au programme. Elle montrera *quelle influence précise le perfectionnement de l'art des signes pourroit exercer sur l'art de penser.* (1)

______________

(1) La distinction que je fais ici entre le sujet proposé par l'institut et les vues qui l'ont porté à le faire, entre la question principale et les questions de détail, explique pourquoi je n'ai point donné pour titre à cet ouvrage l'énoncé de la question elle-même sur laquelle nous avons été admis à concourir. On voit en lisant le programme, que toute la pensée de l'institut n'est point renfermée dans cet énoncé. Il ne nous presente qu'une question de fait assez simple. Mais à cette occasion on nous offre dans quatre questions nouvelles un sujet immense, on nous demande une vaste théorie ; voici ces questions :

Chaque partie se divisera à son tour d'une manière anssi simple que naturelle. Dans la première, qui est toute historique, je n'aprai besoin que de me laisser conduire par la génération même des faits. Or, ici il se présente à nous deux points de vue principaux; l'un, est la création de ces idées et de ces signes; l'autre, est l'usage que nous en faisons, lorsqu'une fois ils

1°. L'art de penser seroit-il parfait, si l'art des signes était porté à sa perfection ?

2°. Dans les sciences où la vérité est reçue sans contestation, n'est-ce pas à la perfeetion des signes qu'on en est redevable ?

3°. Dans celles qui fournissentun aliment éternel aux disputes, le partage des opinions n'est-il pas un effet nécessaire de l'inexactitude des signes ?

4°. Y a-t-il quelque moyen de corriger les signes mal faits, et de rendre toutes les sciences également susceptibles de démonstration ?

Je me suis rendu d'autant plus volontiers à l'invitation qui nous étoit faite de les traiter, que c'étoit le seul moyen de completter le sujet et de le rendre vraiment intéressant et utile; mais alors j'ai préféré emprunter un titre qui l'annonçàt tout entier.

sont créés. Ainsi cette grande histoire de l'esprit humain se partage en deux époques, l'une, qui nous conduit jusqu'au momentoù l'homme entre en possession de tous les instrumens de la pensée ; la seconde, qui nous le montre occupé à les mettre en œuvre. En traçant cette première histoire, nous expliquerons comment l'individu sortant du sein de l'ignorance absolue et de l'absolue inaction, reçoit de la nature des signes tout faits, et en invente lui-même de nouveaux, conçoit des idées, se les retrace, et comment ces deux opérations se lient et s'enchaînent l'une à l'autre en mille manières. En traçant la seconde histoire, nous expliquerons toutes les opérations que l'esprit exécute ensuite sur ces idées, et par le moyen de ces signes, nous montrerons comment ces opérations deviennent le principe de toutes nos connoissances, nous montrerons comment leur perfection ou leurs vices détermine nos progrès ou nos erreurs. C'est ainsi , par exemple , qu'en étudiant l'anatomie du corps humain, on raconte d'abord la formation de chaque organe, et l'on indique ensuite les fonctions auxquelles il est destiné.

Dans la seconde partie qui consiste toute entière en applications, je devrai suivre l'ordre tracé par la classification de nos connoissances , afin de montrer quels progrès il nons reste encore à faire dans leurs diverses espéces, quels sont les moyens d'obtenir ces pr quel rôle enfin les signes peuvent jouer entre ces moyens. Or voici la manière la plus simple de diviser toutes les connoissances auxquelles notre esprit s'est élevé. Il y a des vérités de fait, qui consistent dans le rapport de nos idées aux choses , ou aux modèles extérieurs qu'elles représentent; il y a des vérités abstraites qui ne consistent que dans le rapport de nos idées entre elles. Quelquefois nous voulons juger de l'existence des êtres, de leurs propriétés, de leur action ; quelquefois nous isolant de l'univers entier, et nous renfermant dans l'enceinte de nos propres conceptions, nous ne occupons que de les comparer entre elles. Ainsi il est des secrets que nous arrachons à la nature ; et il est des découvertes que nous faisons dans nos propres pensées.

La première partie se divisera donc en deux Sections. L'une qui exposera ... oire de l'institution de nos signes et de la formation de nos idées, l'autre qui traitera *des opérations que l'esprit humain a exécuté sur les signes et sur les idées*, et qui expliquera *comment elles ont servi à l'acquisition de nos connoissances.*

La seconde partie se divisera de même en deux autres sections ; l'une dans laquelle j'essayerai de faire voir, *comment le perfectionnement de l'art des signes pourroit seconder nos progrès dans les connoissances de fait;* la seconde, dans laquelle j'examinerai *comment le perfectionnement de l'art des signes pourroit seconder nos progrès dans la recherche des vérités abstraites.*

Chacune de ces quatres Sections formera la matière d'un volume.

J'ai écrit cet ouvrage avec le desir constant de le renfermer dans les bornes les plus étroites, et certes, mon intérêt me le commandoit bien puissamment. Je sais combien le volume d'un écrit est propre à inspirer de l'effroi, quand il traite de matières abstraites. Plus il demande d'application pour être lu, moins on doit attendre de persévérance de la part de ses lecteurs. Je sais aussi que dans une discussion philosophique, tout ce qu'on dit d'inutile devient nuisible par là

même, en ce qu'il partage une attention qu'on a besoin de se ménager
toute entière ; c'est un voile jèté sur la
vérité. Cependant en voulant faire un
mémoire, je me suis trouvé avoir fait
un livre, un gros livre. Ceux qui ont
le bonheur de trouver tout simple ,
parce qu'ils ne voient qu'une face des
objets, en seront étonnés sans doute.
Mais ceux qui auront médité le sujet
que je traite, en comprendront la raison.
Les signes enveloppent en quelque
sorte, de leur influence, toutes les facul-
tées de notre esprit, ils se mêlent à
toutes nos opérations. La question de
la perfectibilité de la raison humaine
embrasse à son tour toute l'étendue de
nos connoissances. En semblant ne demander qu'un traité sur les signes ,
on demande en effet un traité complet de philosophie. Je prie donc ceux
qui devront me lire de m'excuser, si
je leur demande un tems et des fati-

gues que j'ai tout fait pour leur épargner. J'ai sacrifié souvent des développemens qui eussent pu enrichir cet ouvrage et lui donner une forme plus brillante, j'ai été bref toutes les fois que j'ai pu ne l'être qu'à mes dépens; il ne m'a point été permis de l'être lorsque je le fusse devenu aux dépens de la vérité.

Il est possible que des lecteurs exercés dans ces matières se plaignent que j'ai trop insisté sur certaines vérités de détail, que je me suis trop arrêté à les faire ressortir. Mais faut-il donc n'écrire que pour ceux qui savent, et jamais pour ceux qui ignorent ? je connais tout ce qu'on gagne à ne traiter la philosophie que par de rapides sentences, à donner des apperçus plutôt que des démonstrations, à emprunter le langage laconique et mystérieux des oracles. Les hommes éclairés aiment que l'auteur leur laisse achever sa pensée ; les autres sont souvent disposés à l'admirer d'autant plus qu'ils le comprennent moins. Mais j'aspire au mérite plus facile tout ensemble et plus consolant pour le cœur, de rendre la vérité accessible et populaire. Il importe bien moins d'entendre les hommes applaudir de loin aux philosophes, que de les voir se rapprocher d'eux, et le devenir eux-mêmes sans le savoir.

Par une raison semblable, je n'ai point craint souvent de répéter les maximes de nos maîtres. J'ai moins été inspiré par l'ambition de faire un ouvrage neuf, que par le desir de faire un ouvrage utile. La vérité, selon moi, demande toujours à être reproduite, quand elle n'a pas encore été bien sentie, et quand elle n'a point encore été mise à sa vraie place. Au lieu de citer à chaque page les philosophes de tous les siècles, j'aime mieux convenir de bonne foi en commençant , que je leur dois tout. J'ai puisé dans la méditation de leurs écrits ce que je n'ai point recueilli · expressément dans le texte. Au reste , je crois que presque tout a été dit en philosophie , et que ce ne seroit pas une gloire médiocre, lors même qu'on n'y ajouteroit rien , de recueillir les vérités éparses, de les dégager des erreurs qui les entourent, de les disposer dans un ordre convenable , et de rendre à la philosophie le même service qu'ont rendu à la science des loix les jurisconsultes laborieux qui en ont rédigé le code et ordonné toutes les parties, dans un lumineux ensemble.

J'ai encore une grace à demander à ceux de mes lecteurs qui auroient déjà travaillé sur ce sujet ; c'est qu'ils daignent oublier pour quelques instans la langue qu'ils se sont faite à eux-mêmes , et consentir à emprunter, en me lisant, celle que j'ai cru devoir adopter ; c'est qu'ils se dispensent même de s'arrêter, pour examiner si je n'aurois pas mieux fait de parler comme eux. Je ne leur demande pas qu'ils trouvent mon langage meilleur , pourvu qu'ils l'écoutent. Cette condescendance ne peut influer sur le jugement qu'ils porteront de la solidité de mon ouvrage ; quelque nom que j'aie donné aux divers phénomènes , j'aurai été conséquent , si je suis toujours demeuré fidele aux acceptions dont je les aurai revêtus. Cependant , lorsqu'ils auront fini de me lire , j'ose espérer qu'ils comprendront les motifs qui m'ont fait choisir ce langage , et c'est alors seulement qu'ils pourront du moins en juger.

Je le sens ; un ouvrage qui joint à la sécheresse naturelle aux matières abstraites , le malheur de ne pouvoir étonner , de prendre un milieu entre les opinions extrêmes , d'apporter des restrictions aux maximes universelles, de revenir quelquefois à d'anciennes vérités, de prouver qu'en quelques rencontres nos pères ont pu avoir raison, de ne point flatter l'amour - propre, ni satisfaire l'imagination; un ouvrage qui, étranger par sa nature à tous les partis et à toutes les sectes, ne s'empare de l'autorité d'aucune passion, ne s'associe à aucnn des intérêts du moment ; un ouvrage enfin, qui n'a d'autres droits à la curiosité, que d'entretenir les hommes de la chose du monde qu'ils sent le moins empressés de connoître, je veux dire, l'homme lui-même, ne sauroit espérer de trouver beaucoup de lecteurs. La plupart de ceux entre les mains desquels il pourra tomber diront, en fixant son titre : » Ah ! il ne s'agit ici que d'apprendre à mieux penser et à devenir plus sage» ! et ils devront le refermer à l'instant. Il ne sera achevé que par le petit nombre de ceux qui aiment la vérité, se livrent à son étude, et sont animés d'un grand courage pour l'atteindre. Heureux de me trouver précédé auprès d'eux par le suffrage d'une société dont les membres font profession de consacrer leur vie à sa recherche, et qui semblent destinés à être, parmi nous, ses ministres et ses interprètes !

Qu'il me soit permis cependant de rappeler ici que cette voie si aride et si pénible où nous allons nous engager, est la seule qui conduise avec sûreté dans les régions les plus riches et les plus brillantes. Ce sont les épreuves imposées pour trouver place dans l'Elysée de l'esprit humain. La science de l'homme est une introduction générale et nécessaire à la morale, à la politique, à toutes les sciences qui se rapportent à l'homme, et ces vérités si stériles en apparence, que nous allons semer sur nos pas , renferment cependant en elles le germe de la prospérité sociale et du bonheur des individus. Quelqu'abstraites que paroissent les recherches auxquelles je vais me livrer , j'ose donc penser qu'elles se rallient à des intérêts aussi importans qu'universels ; j'ose en offrir l'hommage à l'humanité , à mon pays. J'aime à le dire ; l'espérance de rendre enfin la science de nos idées tributaire du bonheur commun , de rétablir quelques communications entre ce monde intellectuel qu'habitoit la métaphysique , et ce monde social que parcourent les sciences positives , cette espérance , dis-je, est la seule pensée qui m'a engagé dans une telle étude , qui m'a donné la confiance d'en produire les résultats. Heureux , si , après m'avoir lu , quelques bons esprits peuvent dire: » Voilà du moins un livre de philosophie qui se comprend , et qui présente quelques applications utiles »! Ce suffrage est plus doux mille fois et plus flatteur à recueillir que la gloire qui s'attache aux fondateurs des plus brillans systêmes.

# TABLE
## DES CHAPITRES
### DE LA PREMIÈRE PARTIE.

---

## PREMIER VOLUME.

---

**Fin de la Table du premier Volume.**

## SECOND VOLUME.

Fin de la Table du second Volume.

# ERRATA *du premier Volume.*

## INTRODUCTION.

*Page* ix, *ligne* 18, parle lui-même, *lisez* parle à lui-même.

*Page* xxiv, *ligne* 8, il n'existe guère pour leur esprit alors, *lisez* il n'existe guère alors pour leur esprit.

*Page* xxvij, *ligne* 4, analyste des faits, *lisez* analysant les faits.

## PREMIÈRE SECTION.

*Page* 33, *ligne* 2, les circonstances, *lisez* ses circonstances.

*Page* 57, *ligne* 21, sauroient, *lisez* sauroit.

*Page* 111, *ligne* 12, qui les animât. La vue, *lisez* qui les animât, la vue.

*Page* 114, *ligne* 14, qu'il me fuit, *lisez* qu'il fuit.

*Page* 119, *ligne* 16, qu'il ne soit pris lui-même, *lisez* qu'ils ne soient pris eux-mêmes.

*Page* 122, *ligne* 19, et donnent, *lisez* elle donne.

*Page* 131, *ligne* 12, qu'on, *lisez* qu'il.

*Ibid. ligne* 14, nous, *lisez* lui.

*Page* 162, *ligne* 1, à former, même à l'aide des signes, *lisez* à former même, à l'aide des signes.

*Page* 164, *ligne* 10, les moyens, il fixa, *lisez* les moyens. Il fixa.

*Ibid. ligne* 16, acquerroit, *lisez* acquéroit.

*Page* 168, *ligne* 13, présentés, *lisez* présentes.

*Page* 169, *ligne* 22, qui associe, *lisez* dans laquelle on associe.

*Page* 172, *ligne* 22, abstraite, *lisez* arbitraire.

*Page* 185, *ligne* 17, reçoivant, *lisez* reçoit.

*Ibid. ligne* 19, remplissent, *lisez* remplit.

*Page* 188, *ligne* 4, moyens, *lisez* moyen.

*Page* 189, *ligne* 7, trouvent, *lisez* trouve.

*Page* 197, *ligne* 19, son ensemble, *lisez* leur ensemble.

*Page* 210, *ligne* 22, et de faire l'histoire, *lisez* il faut tracer l'histoire.

*Page* 214, *ligne* 24, appartient, *lisez* appartint.

*Page* 232, *ligne* 21, l'on, *lisez* l'un.

*Page* 240, *ligne* 19, ils seroient, *lisez* il seroit.

*Page* 257, *ligne* 13, analyse *sensible et physique*, *lisez* analogie *sensible et logique.*

*Page* 260, *ligne* 5, ces deux, mots, *lisez* ces deux mots.

*Page* 277, *ligne* 2, rapports communs et un, *lisez* rapports communs, à un.

*Page* 296, *ligne* 17, obtenues, *lisez* obtenus.

# DES SIGNES

## ET DE L'ART DE PENSER

### CONSIDÉRÉS

## DANS LEURS RAPPORTS MUTUELS.

---

# PREMIÈRE PARTIE.

*De l'Influence que les Signes ont exercée sur la formation de nos Idées et les progrès de nos connoissances.*

---

# SECTION PREMIÈRE.

**De la formation des Idées et de l'institution des Signes.**

---

# CHAPITRE PREMIER.

*De la Sensation, et des opérations dont elle est l'objet; la perception, l'attention, la réminiscence et le jugement.*

---

PENSER, dans le langage ordinaire des philosophes, est le terme le plus générique employé pour exprimer tous les phénomènes qui composent l'histoire de l'esprit humain. Ce mot embrasse à-la-fois, dans son acception, toutes les opérations qui servent de moyens à nos connoissances ; il correspond à chacune de nos facultés intellectuelles. *Penser* est à l'esprit, ce qu'*agir* est au corps.

En vertu de cette lumière admirable qui nous éclaire sur ce qui se passe en nous-mêmes, et de ce pouvoir non moins étonnant que nous avons pour modifier, diriger, rectifier toutes nos opérations ; la *pensée* ; qui n'étoit d'abord qu'un acte quelconque de l'esprit, qu'un exercice quelconque de nos facultés, devient pour nous un art véritable ; la philosophie étudie la nature et la fin de cet art, elle en trace les règles. C'est ainsi que les mouvemens de notre corps deviennent l'occasion des arts mécaniques, lorsque l'industrie leur donne des lois et leur prête des instrumens.

Quoique l'histoire des signes ne commence point avec l'histoire de la pensée, quoique, parmi les opérations de notre esprit, il y en ait plusieurs qui ne reçoivent aucun secours des signes, il m'a semblé indispensable de remonter ici à la première origine de toutes nos connoissances. D'abord je devois réfuter l'opinion de ceux qui prétendent que les signes sont nécessaires aux premières et plus simples opérations de l'esprit, et qui ne voyent pas que pour se faire un instrument, il faut déjà un commencement d'industrie. D'ailleurs, je ne pouvois expliquer clairement l'origine de nos signes divers, sans exposer les circonstances qui précèdent et préparent leur naissance, sans définir les moyens que nous avons pour en user. Enfin, il étoit impossible de faire comprendre comment les signes agissent sur nous et nous modifient, si je n'avois d'abord décrit l'état dans lequel ils nous trouvent, et ce que nous sommes sans leur secours.

Mais en supposant même que ces premières notions ne fissent pas une partie nécessaire de mon plan, ou qu'elles fussent trop simples et trop familières pour avoir besoin d'une explication nouvelle, je devois y revenir du moins, pour établir le dictionnaire de la langue que je vais parler. Il n'en est aucune, peut-être, qui soit plus vague et plus incertaine, et nous en verrons la raison dans le cours de cet ouvrage. Les deux seuls mots, *signe* et *idée*, qui composent l'énoncé du problème proposé par l'Institut national, ont reçu chez les philosophes une foule d'interprétations diverses. Les uns donnent le nom d'*idée* à toute sensation apperçue et distinguée par l'esprit ; les autres le restreignent aux simples rapports que les sensations ont entre elles ; un grand nombre appellent *idée* les traces que l'imagination conserve des impressions que nous avons reçues ; d'autres ne voyent dans les idées que les abstractions. Quant au mot *signe*, quelquefois on l'applique aux élémens du langage, c'est-à-dire aux moyens extérieurs que les hommes emploient pour se communiquer leur pensée ; quelquefois on l'attache à tous les objets étrangers qui servent d'occasion aux impressions que nous éprouvons ; il en est qui vont jusqu'à donner le nom de signe aux organes de notre corps, comme étant l'instrument de la sensation ; d'autres enfin, prenant le milieu entre ces diverses acceptions, considèrent comme des signes tous les objets qui ont le pouvoir de réveiller en nous une idée. Suivant que l'on adopte l'une ou l'autre de ces interprétations, la question que je traite se présente sous autant d'aspects divers ; elle pourroit avoir près de vingt solutions également justes, et toutes différentes les unes des autres.

A tant de langues différentes j'éviterai autant qu'il dépendra de moi, d'en ajouter une nouvelle. Je choisirai parmi les acceptions déjà adoptées, celle qui me semblera réunir à-la-fois le double avantage d'être la plus générale, et d'être celle qui classe mieux les faits. Je ne me permettrai de recourir à une acception nouvelle, que lorsque j'aurai besoin de nommer un phénomène particulier qui n'auroit point encore eu son nom. Dans tous les cas, j'avertirai toujours de l'interprétation à laquelle je me serai fixé ; j'en préviendrai au moment même où j'exposerai les faits, et le tableau qu'on va lire

deviendra tout ensemble une nomenclature
et une histoire.

Je pars ici du principe reconnu aujour-
d'hui par tous les philosophes, que l'origine de toutes nos connoissances est dans
nos sensations, et c'est par l'analyse de
la sensation que je commence.

Je suppose donc l'individu isolé de tout
commerce avec ses semblables, et privé
par conséquent du secours des signes que
ce commerce le conduit à instituer.

Je le suppose aussi au début de son
existence morale, et privé par conséquent
des lumières de l'expérience.

Un objet ( 1 ) extérieur vient frapper
l'extrémité de son organe ; l'ébranlement
se communique jusqu'au cerveau.

L'individu se trouve à cette occasion
modifié d'une certaine manière (2).

***

(1) Je donne le nom général d'*objet* à tout ce qui
sert d'occasion ou de terme aux opérations de la
pensée.

(2) Lorsque je hazarderai les expressions : *impression,*
*ébranlement* , pour désigner le jeu physique de nos

La modification qu'il éprouve prend le nom de *sensation*.

Comme on distingue cinq espèces d'organes, qui servent à nous transmettre les impressions des objets extérieurs, on distribue en cinq classes principales les sensations qui nous affectent: les sons, les

---

organes qui sert d'occasion prochaine à la sensation, je ne prétendrai point expliquer par ce mot la manière dont ce jeu s'opère en effet. J'emprunte seulement ces mots, faute d'autres, pour exprimer un phénomène dont l'existence est démontrée, mais dont le mécanisme m'est inconnu. Les découvertes des anatomistes nous ont bien appris que les nerfs sont les ministres de nos sensations, que c'est dans l'intérieur de ces canaux que s'exécute la correspondance des extrémités de nos sens au centre de notre cerveau; mais tous leurs efforts n'ont pu jusqu'ici nous expliquer quelle est la nature de la substance, fluide ou concrète, que renferment ces conduits si subtils; quel effet s'opère en elle à la présence des objets; comment cet effet se communique et se transmet; et nous ne connoissons pas plus le rapport de l'action exercée sur nos sens par les objets, à celui qui se passe dans le *sensorium*, que nous ne connoissons le rapport de ce qui se passe dans le *sensorium*, à la manière d'être qu'il nous procure.

odeurs, les saveurs, les couleurs et les impressions du toucher.

L'individu peut trouver dans son propre corps l'occasion de plusieurs sensations diverses, et cela de deux manières. D'abord les parties externes de son corps peuvent affecter ses organes, précisément de la même manière que les objets extérieurs ; Ses membres se rencontrent réciproquement ; il entend ses cris, il se voit lui-même. Ensuite les parties intérieures de son corps agissent quelquefois les unes sur les autres, comme il arrive lorsque nous avons mal à la tête ou à l'estomac, lorsque nous sentons battre notre cœur, ou encore lorsque nous éprouvons la sensation de la faim, de la soif, de la fatigue, etc. Ces sensations peuvent être rapportées dans la classe de celles du toucher, soit parce que nous comprenons sous ce nom toutes celles qui n'ont pas un organe particulier, soit parce qu'elles résultent probablement d'une pression ou d'une dilatation trop forte dans les parties sensibles de l'intérieur du corps humain.

La sensation qui modifie l'individu est

de sa nature agréable ou désagréable. Alors un sentiment naturel le porte ou à se reposer en elle, ou à la repousser loin de lui. On donne le nom de besoin à un sentiment : ici est l'origine de la *volonté*.

La sensation ainsi reçue, devient pour l'esprit le sujet de plusieurs opérations.

La première est celle que j'appelle *appercevoir*. Au moment où une sensation modifie l'individu, elle commence à être apperçue. *Appercevoir* et *sentir*, sont en nous deux choses si distinctes, quoique simultanées, que souvent nous appercevons mieux, losque nous sentons moins vivement, comme chacun le sait par son expérience familière. En recevant la sensation nous semblons n'être que passifs ; en l'appercevant, nous commençons à exercer notre activité. Dans le premier cas, c'est une impression qui nous affecte ; dans le second, c'est une lumière qui nous éclaire. Ici est l'origine de toute science.

La sensation ainsi apperçue prend le nom de *perception*, et la faculté que nous avons d'*appercevoir* a reçu le nom d'entendement.

On n'apperçoit rien qu'on ne l'ait remarqué ; ainsi , c'est par l'*attention* que la sensation se transforme en perception , et prend , si je puis dire ainsi , un caractère philosophique.

L'*attention* est l'acte de l'esprit , qui se fixe sur un objet pour l'appercevoir. Ainsi , l'attention vient de nous , comme la sensation vient du dehors.

L'esprit peut se fixer avec plus ou moins d'application. L'attention , alors , aura plus ou moins de force , et la perception deviendra plus ou moins claire.

Dans l'état où je suppose l'individu , deux choses détermineront le degré d'attention qu'il donnera aux objets : l'une est la force de l'impression qu'il en aura reçue ; l'autre , l'intérêt qu'ils lui présentent.

La force de l'impression reçue dépend sans doute de la sensation qui l'a produite. Mais elle dépend aussi des circonstances au milieu desquelles cette sensation vient se montrer ; ainsi , la surprise ajoute beaucoup à la vivacité de la sensation , et l'effet de la surprise est encore accru par le contraste.

L'intérêt que les objets présentent à un individu , résulte de leurs rapports à ses besoins.

Il faut remarquer que si les besoins servent à déterminer , l'attention, à son tour , modifie les besoins. Nos peines et nos plaisirs ne nous affectent qu'en raison de l'attention que nous leurs donnons. Le pouvoir de la distraction est immense ; il n'est pas de douleur si vive à laquelle elle ne puisse nous rendre insensibles.

Afin que l'attention se fixe sur un objet , il est besoin que l'organe , frappé par cet objet , réagisse avec une certaine force pour accroître et continuer l'ébranlement qu'il a éprouvé. Ainsi, l'acte de l'attention est toujours accompagné d'un effort physique.

Mais l'impuissance naturelle, ou la lassitude , mettent un terme à cet effort. Tous les hommes ne sont pas capables des mêmes efforts d'attention ; le même individu n'en est pas également capable dans les divers âges et dans les divers momens de sa vie.

Parmi les diverses espèces de sensations que je viens de définir, il en est une qui mérite, de la part du philosophe, une attention particulière. Je veux parler des sensations du toucher.

Ces sensations ont déjà cette circonstance remarquable, qu'elles sont, de toutes, les premières qui doivent affecter l'individu, qu'elles sont aussi celles qui doivent l'affecter d'une manière plus constante et plus durable, qu'elles sont enfin celles qui le modifient d'une manière plus universelle.

Mais les sensations du toucher se distinguent des autres sensations par une seconde circonstance bien plus importante.

Si, avant d'avoir reçu les instructions du toucher, l'individu entendoit un son, ou se trouvoit affecté par une odeur, il n'appercevroit autre chose que l'impression qui en résulte ; il ne penseroit point encore ni à la rapporter à une occasion étrangère, ni même à la regarder comme une modification de son *moi*, quoi qu'en disent quelques philosophes. Car d'abord il n'y a rien dans ces sensations qui soit propre à avertir de l'existence d'un objet étranger à lui-même ; et tant qu'il ne connoît encore rien d'étranger à son *moi*, comment remarqueroit-il son *moi* ? Comment la perception du *moi* se détacheroit-elle devant son esprit, de sa manière-d'être ? Le sentiment de cette manière-d'être se confondroit toujours avec celui de son existence en un sentiment unique. On ne remarque qu'en distinguant, et on ne distingue que par l'opposition.

Si au contraire, je suppose que la main de l'individu soit naturellement appuyée sur un corps, sur une boule, par exemple, pour choisir la sensation la plus simple ; deux perceptions nouvelles viendront s'unir à celle de la sensation.

L'individu éprouvera un sentiment de résistance.

Le sentiment de la résistance se compose de deux autres ; le sentiment de quelque chose d'étranger à lui, et le sentiment de quelque chose qui est lui. Il aura deux perceptions, celle d'un corps, celle de son *moi*, il comprendra que l'un n'est pas l'autre, que l'un est hors de l'autre, et c'est par l'opposition qui règne entr'eux qu'il apprendra à les distinguer.

Sans doute il ne pénétrera pas la nature de ce corps ; mais il sent ses limites ; il sent qu'il existe, et qu'il est hors de lui.

Ces deux perceptions venant se réunir à celle que l'individu avoit de la sensation, il commence à l'appercevoir comme sa propre manière-d'être.

Une fois qu'il aura remarqué son *moi*, il le retrouvera aussi, quoique moins clairement, dans les sensations d'une autre espèce, il se les appropriera, et la perception dont elle sera l'objet se composera de deux perceptions réunies.

Ici commencent les premiers jugemens.

Une perception isolée dans l'esprit, n'est point encore un jugement.

Mais lorsqu'ayant à-la-fois la perception d'une sensation, et celle du *moi* que cette sensation modifie, ou celle de l'objet étranger qui la produit, l'individu rapporte cette sensation, ou à cet objet comme à sa cause, ou à son *moi*, comme à son sujet ; la sensation devient un *fait* ; ces perceptions associées deviennent une *con-*

*noissance*, et l'acte par lequel l'esprit les associe, est un *jugement*.

J'appelle donc un *fait*, la sensation considérée dans un état de réalité et d'existence, et dans les rapports qui en naissent ; j'appelle *jugement* la connoissance que nous prenons d'un *fait*.

On voit la raison pour laquelle le verbe *être*, qui sert à annoncer un fait en exprimant l'*existence*, est toujours nécessaire à l'expression de nos jugemens. Sans lui nous n'aurions que des *noms* ; avec lui nous formons des *propositions*, et nous devenons capables d'affirmer.

On voit aussi pourquoi le verbe être a été appelé, *mot-lien*, en latin *copula* ; car c'est dans l'*existence* que les perceptions s'unissent et s'associent.

Ainsi, de même que par l'attention, nos sensations se convertissent en *perceptions*, c'est par le jugement que nos perceptions se convertissent en *connoissances*, et passent dans le règne de la science.

Je n'adopterai donc point la définition que quelques philosophes donnent du jugement, lorsqu'ils disent qu'il consiste

dans *la comparaison de deux sensations.*
Sans doute, cette comparaison sert aussi
de matière à nos jugemens, comme nous
allons bientôt le voir ; mais une sensation
très-simple peut être, déjà, l'occasion
d'un jugement. Un individu qui n'auroit
toute sa vie qu'une sensation , porteroit
cependant des jugemens ; car cette seule
affirmation : *je sens,* suffit pour constituer
un jugement.

Je ne dirai pas même que le jugement
est la comparaison de deux perceptions.
Car, la comparaison peut avoir lieu entre
deux perceptions isolées l'une de l'autre.
Lorsque je dis : *je sens,* je ne me borne
pas à comparer la perception de *moi* avec
la perception d'une sensation. La comparaison abstraite de la perception de *moi*
avec celle de telle ou telle sensation ne
m'apprend rien ; car je puis fort bien exister sans avoir cette sensation, et cette sensation peut existe ailleurs qu'en moi.
Lorsque je dis : *je sens,* j'ajoute donc
quelque chose encore, j'ajoute le lien d'une
association mutuelle entre ces perceptions ;
cette association est fondée sur la connois-

sance que j'ai prise du concours de ces deux choses dans une existence commune. Nous n'aurions point de jugemens, si nous n'appercevions jamais des faits ; et tout fait exige le concours de deux ou plusieurs circonstances.

Et qu'on ne dise pas que dans ce jugement : *je sens*, on compare la perception du *moi sentant*, avec celle du sentiment, qu'on compare le fait lui-même avec une perception. Car, un jugement de cette espèce ne seroit autre que celui-ci : *lorsque je sens, j'ai un sentiment*, et un jugement semblable supposant le fait, et ne l'affirmant pas, ne produiroit aucune science.

Mais, sans m'engager ici dans une discussion inutile sur une définition qui sera suffisamment justifiée dans le cours de cet Ouvrage, je me bornerai à cette réflexion : il n'est personne qni ne convienne qu'*appercevoir un fait*, ne soit pour l'esprit l'origine de toutes les connoissances. Or, c'est à cet acte primitif et fondamental, de quelque manière qu'on l'explique, que je rapporte tous les jugemens.

Comme il y a deux perceptions principales auxquelles nous pouvons rapporter et unir celle de la sensation, savoir, la perception du *moi*, et la perception d'un objet étranger, notre science se divise, dès l'origine, en deux branches principales, dont l'une sert de fondement aux connoissances physiques, l'autre, aux connoissances morales et philosophiques. La première conserve le nom de *science*, ou prend quelquefois celui de science d'observations, la seconde prend le nom de science de soi-même, ou *conscience*.

Telle est la nature de cette précieuse et admirable lumière de la *conscience*, que non-seulement nous appercevons que notre *moi* est modifié, qu'il l'est d'une manière agréable ou désagréable, mais que nous sommes aussi capables d'appercevoir nos propres jugemens, toutes les opérations de notre esprit, comme tous les actes de notre volonté.

L'attention, en tant qu'elle s'exerce sur les perceptions qui servent d'objet à la *conscience*, prend le nom de *réflexion*; car elle réagit alors sur elle-même.

Cette réflexion, telle que j'en décris

ici les opérations, n'est encore qu'une *fa-culté*, dans l'individu que j'ai supposé. Pour que cette faculté soit réduite à l'acte, pour qu'elle déploie toutes ses forces, il lui faut une occasion, des motifs, des secours, un exercice, qui manquent encore à cet individu. J'aurai occasion par la suite de faire sentir la nécessité de ces divers moyens, et d'expliquer comment nous les obtenons.

J'ai exposé toutes les opérations qui appartiennent à une première sensation simple ; faisons faire un pas de plus à l'individu.

Il a sommeillé ; et à son réveil, une sensation qui l'avoit déjà modifié, vient l'affecter de nouveau.

La perception qu'il en prend est alors accompagnée d'une perception nouvelle ; il reconnoît cette sensation, il retrouve en elle son premier *moi*, sa première existence.

Ce phénomène a reçu le nom de *réminiscence*.

Cependant la réminiscence n'a point toujours lieu au retour d'une sensation qui nous a déjà affectés. Elle suppose deux conditions ; l'une, que dans les deux instans de son apparition , cette sensation eût reçu une attention suffisante , l'autre, que nos organes aient conservé quelques traces de l'impression qu'ils avoient reçue.

La réminiscence est ordinairement accompagnée d'un secret plaisir.

La réminiscence est aussi la matière d'un jugement ; car le passé est un fait, comme le présent. Nous affirmons un fait, en reconnoissant la manière d'être qui nous affecta , et nous associons notre *moi* d'un autre moment à notre sensation actuelle.

En vain me demanderoit-on une définition plus complette des actes simples par lesquels l'esprit apperçoit et juge, Il y a , et il doit y avoir , dans l'histoire de l'homme, des phénomènes primitifs qui ne supportent aucune analyse , et qui sont des points de départ pour le philosophe ; autrement on remonteroit à l'infini , d'explications en explications. Il suffit qu'en les exposant, nous disions la vérité, nous racontions ce que tout le monde sait. Tous nos efforts se bornent à arriver jusqu'à ces faits primitifs, à les bien remarquer ; alors ils nous servent à expliquer tous les autres.

Je vais donc maintenant supposer l'individu dans une situation plus composée.

Deux sensations l'affectent à-la-fois.

Si ces deux sensations sont nouvelles pour lui, ou encore, si toutes deux l'ont constamment affecté d'une manière simultanée, l'expérience nous apprend qu'il ne saura point les isoler l'une de l'autre, en leur donnant une attention séparée ; il les confondra en une seule manière d'être.

Mais si des deux sensations qui le modifient à la fois, l'une se trouvoit entièrement nouvelle, l'autre étoit reconnue pour l'avoir déjà affecté, la réminiscence s'interposeroit en quelque sorte entre elles, pour les isoler l'une de l'autre devant le regard de l'attention. L'une lui feroit éprouver, par sa nouveauté, un étonnement qui lui seroit entièrement propre, et fixeroit d'abord son esprit sur elle ; l'autre deviendroit l'objet d'un jugement de réminiscence qui ne lui seroit pas moins particulier, et qui fixeroit l'esprit à son tour. Ainsi l'individu les distingueroit entre elles , comme il distingue son existence d'aujourd'hui de son existence d'hier : il auroit deux perceptions indépendantes.

Trois autres circonstances pourront concourir encore à rendre ces deux perceptions plus distinctes.

La première est la différence ou l'opposition qui régneroit entre ces sensations elles-mêmes. On distingue plus aisément un son d'une couleur, qu'on ne le distingue d'un autre son. On distingue aussi plus aisément le *noir* du *blanc* , que *le bleu* du *verd* , etc.

La seconde est la force de l'attention qui seroit donnée à ces sensations simultanées ; car , plus on remarque les objets , plus leurs différences deviennent sensibles.

La troisième est le rapport qui en seroit fait à deux objets extérieurs. Car , lorsque nous touchons à la fois deux corps différens , nous sentons qu'ils sont l'un hors de l'autre , comme ils sont tous deux hors de nous. Les limites qui existent entre eux , semblent donc s'étendre aux modifications que chacun d'eux nous fait éprouver. Chacun devient comme le centre d'une sphère particulière, où vont se placer les impressions qu'on lui rapporte.

Cependant, il seroit absurde de vouloir regarder ce rapport que nous faisons de nos manières d'être aux objets extérieurs, comme le seul principe de la distinction que nous établissons entre elles. Car, comme nous ne connoissons ces objets que par nos propres sensations, comment les distinguerions-nous entre eux, si nos sensations n'étoient pas déjà distinctes pour notre esprit ?

Du moment où deux sensations sont devenues pour l'individu l'occasion de deux perceptions distinctes et indépendantes, s'il les embrasse toutes deux dans une attention commune, s'il les oppose l'une à l'autre, il exécutera une *comparaison*.

C'est la dernière opération qu'il lui reste à accomplir sur la sensation.

En comparant deux sensations, l'individu appercevra si l'une est plus ou moins vive, plus ou moins agréable que l'autre ; si elles ont quelque chose de semblable, ou si elles diffèrent entièrement ; il appercevra, en un mot, ce que la première est par rapport à la seconde.

Leur similitude ou leur différence, leurs rapports d'agrément ou d'intensité, sont des *faits*.

La connoissance qu'en prend l'individu, est un nouveau jugement.

Ainsi, tout jugement suppose un rapport entre deux ou plusieurs perceptions ; mais ce rapport peut être de deux espèces : ou un rapport d'association, ou un rapport de comparaison. Le premier est indépendant de la nature intrinsèque de ces perceptions, de l'étude qu'on pourroit en faire ; il ne se fonde que sur l'union et le concours des circonstances qui les déterminent ; le second, au contraire, ne résulte que de l'attention qu'on donne à la nature de ces deux perceptions, et ne suppose point leur liaison et leur dépendance.

Il seroit peut-être plus exact encore de regarder la comparaison comme le résultat de deux jugemens, parce qu'elle se compose de la connoissance de deux faits. Avant de prononcer laquelle de deux sensations m'affecte plus vivement et plus agréablement, il faut que j'aie déjà apperçu que chacune d'elles m'affecte avec un tel degré de force et d'agrément.

Quoique la comparaison naisse de la distinction, et la suppose, elle concourt encore à la rendre plus lumineuse.

C'est que l'opposition, ainsi que nous l'avons vu, rend l'attention plus active.

La comparaison détermine les préférences de la volonté.

Chaque objet nous affecte ordinainairement de plusieurs sensations à la fois. Nous sommes ordinairement soumis à l'action réunie de plusieurs objets. La situation de l'individu, même au premier instant de son existence, sera donc, peut-être, très-composée. Mais, ce que nous venons de dire des opérations qui auroient lieu sur une ou deux sensations, nous explique ce qui se passeroit si leur nombre étoit plus considérable.

Il faut observer seulement, que l'attention ne peut embrasser à-la-fois qu'un très-petit nombre d'objets, et que la lumière qui résulte de ses efforts, décroit toujours à mesure qu'elle veut leur donner plus d'étendue.

Un individu réduit aux seules sensations, ne connoîtroit que les objets actuellement présens, qui l'affecteroient d'une manière immédiate.

Il n'auroit donc point de *desirs*; car le *desir* se rapporte toujours à une chose absente et éloignée.

Il n'exécuteroit point d'action réfléchie et volontaire. Car l'action veut un motif, et le motif ne peut être qu'un desir.

Ainsi, les préférences de la volonté seroient sans effet.

Puisque cet individu distingueroit quelques-unes des sensations qui l'affecteroient simultanément, il feroit quelques *analyses*. Car *analyser*, c'est décomposer une perception complexe, pour donner à ses élémens une attention séparée.

Mais, ces analyses seroient rares et imparfaites, parce qu'il manqueroit de motifs pour s'y arrêter, et de moyens extérieurs pour lui en faciliter le travail.

Ces analyses ne le reconduiroient, d'ailleurs jamais qu'à la sensation, comme à leur dernier terme. Car, quoique la perception d'une sensation soit toujours composée, quoiqu'elle renferme un grand nombre de perceptions élémentaires, comme ces perceptions ne peuvent exister isolément, parce que la sensation est indivisible, il n'auroit pas de raison ni de moyens pour les démêler.

Nous verrons bientôt comment ces motifs et ces moyens viendront s'offrir à lui.

Un tel individu n'auroit point de signes, et les signes ne lui seroient nécessaires pour aucune des opérations que j'ai décrites.

Voudroit-on donner le nom de *signes* aux objets extérieurs, quels qu'ils soient, ou parce qu'ils sont les occasions des sensations qu'éprouve l'individu, et par-là des perceptions qu'il obtient (page 6), ou parce que l'avertissement qu'il reçoit de leur présence est aussi la première occasion qui le conduit à remarquer son *moi*, et à former des jugemens? Sans doute alors on pourra dire que les signes lui sont nécessaires. Mais je remarquerai que cet usage du mot *signe* est absolument opposé à celui qu'on a coutume d'en faire. Car, on suppose toujours dans le *signe* une chose présente, voisine de nous, qui nous aide à en comprendre une autre plus éloignée, ou à nous en représenter une qui n'est plus. Or, les objets extérieurs sont plus distants de nous que nos propres sensations ; souvent nous ne remarquons point les objets extérieurs, en recevant les sensations qu'ils nous transmettent ; enfin l'existence de ces objets est mystérieuse, soumise aux déductions, et nos sensations sont claires et immédiatement apperçues. Aussi nos sensations seroient bien plutôt elles-mêmes les signes des objets, puisque c'est par elles que nous arrivons à eux. Aussi le mot σημα en grec, qui est l'origine de notre mot *signe*, serviroit-il également à exprimer la *forme*, les *apparences*, l'*image*. Laissons donc un langage qui ne feroit que confondre les notions, au lieu de servir à les classer.

Voudroit-on donner le nom de *signes* aux organes de notre corps, parce qu'ils servent d'instrumens à la sensation ? Alors encore on pourroit sans doute les regarder

comme nécessaire aux premières perceptions. Mais cette définition seroit encore
vicieuse. Car, si les signes sont un instrument pour notre esprit, c'est que s'adres-
sant à notre esprit lui-même, ils s'en font
remarquer et le conduisent aux objets
qu'ils représentent. Or, l'homme ne remarque point d'abord ses propres organes.
Ce n'est certainement pas là sa première
opération ; comment ce qu'on ignore seroit-il le signe de ce qu'on voit ?

Mais en définissant les signes comme je
le ferai par la suite : des moyens qui servent à suppléer pour l'esprit les perceptions immédiates, en nous procurant l'idée
de ce que nous n'appercevons plus (p. 63),
on conçoit qu'il n'en existeroit point encore pour l'individu, réduit aux seules
sensations ; on conçoit aussi qu'ils ne lui
seroient point nécessaires pour avoir des
perceptions, et les distinguer. En effet,
ces signes eux-mêmes ne peuvent être que
des sensations ; mais ces sensations comment agiroient-elles sur nous, si elles n'é-
toient déjà apperçues et distinctes ? Si
nous ne remarquions, si nous ne distin-

guions pas les perceptions, comment re-
marquerions-nous, distinguerions-nous les
signes ?

En exposant ainsi l'état d'un individu qui
se trouveroit réduit à la seule sensation, je
ne présente sans doute qu'une hypothèse ;
car on n'a point d'exemple d'un état semblable ; mais cette hypothèse nous étoit nécessaire pour expliquer la véritable histoire
de la pensée. Ajoutons une faculté de plus,
l'*imagination*, et nous allons avoir l'homme
tout entier.

# CHAPITRE SECOND.

*De l'imagination et de la mémoire. —
Premières idées ; idées sensibles ;
opérations auxquelles elles donnent
lieu.*

La sensation est la première source de
nos manières d'être et de nos connoissances ; l'imagination est la seconde. Je vais
exposer les phénomènes auxquelles elle
donne naissance, j'examinerai ensuite les
lois qu'elle suit. En philosophie, il est toujours meilleur de remonter des effets aux
causes ; d'ailleurs, je trouve ici l'avantage
d'achever le dictionnaire de la langue, avant
de commencer à la parler.

L'organe qui avoit été ébranlé par l'action d'un objet externe, s'ébranle de nouveau en son absence ; l'ébranlement, au
lieu d'embrasser toute l'étendue du système nerveux qui compose l'organe, reste
peut-être renfermé dans l'intérieur du
cerveau.

Il en résulte pour l'individu une nouvelle manière d'être, qui n'est plus la sensation et qu'il faut étudier.

Une rose avoit frappé ses regards, la nuit est venue; il ne voit plus, et cependant il pense peut-être encore à la rose qui l'a frappé.

Il n'éprouve aucune sensation, cependant il est modifié.

Cette modification ressemble extrêmement à la sensation, quoiqu'elle ne soit point la sensation elle-même.

Le caractère des deux manières d'être est le même; elles ne diffèrent que par leur degré de force, de présence, de vérité, si je puis dire ainsi.

C'est que c'est toujours le même organe qui est ébranlé, quoiqu'il le soit dans une moindre étendue, et avec moins de force.

C'est pourquoi je donne le nom d'*image* à cette nouvelle modification. Car elle est à la première ce qu'un portrait et à l'original.

J'appellerai *imagination* la faculté qui reproduit en nous ces modifications nouvelles.

L'imagination en reproduisant, ainsi que

je viens de dire, la sensation passée, la reproduit avec toutes les circonstances, je veux dire qu'on imagine aussi le *moi*, qu'on imagine et les opérations de l'esprit, et les actes de la volonté qu'une sensation peut déterminer, qu'on imagine même l'avertissement qu'on reçoit de l'existence des corps lorsqu'on est en contact avec eux, qu'on imagine en un mot tout ce qui fait l'objet de la perception et de la conscience. Il est facile de s'en convaincre par des exemples : on imagine un *moi* chaque fois qu'on pense aux autres hommes ; j'ai imaginé diverses opérations de l'esprit, lorsque j'en ai présenté le tableau dans le chapitre précédent.

De cette similitude qui subsiste entre l'image et la sensation, il résulte que tout ce que nous avons dit des opérations que notre esprit exerce sur celle-ci, doit se répéter à l'égard de celle-là.

Voici donc un nouveau champ ouvert à notre faculté d'appercevoir ; nous appercevons ces images, nous appercevons ce qu'elles sont, nous appercevons qu'elles nous appartiennent.

Comme les sensations, et suivant les

mêmes lois , elles sont remarquées par l'attention de notre esprit et distinguées les unes des autres.

L'esprit les compare ensemble , et comme elles sont aussi agréables ou déplaisantes de leur nature , il fixe son choix entre elles , et décide ses préférences.

Il les compare aux sensations , il apperçoit ce qu'elles ont de commun, ce qu'elles ont de différent , et il reconnoît dans ses images la représentation des sensations qu'il avoit reçues.

Puisqu'il les compare , il les analyse , et en les analysant il retrouve en elles des élémens , des rapports , comme il en avoit apperçu dans les sensations. Mais ici , comme tout à-l'heure , ce pouvoir de décomposer n'est guères, dans l'homme privé des signes, qu'une faculté oisive encore ; il a trop peu de motifs et de moyens pour l'exercer.

Or maintenant , je comprendrai sous le le nom général d'*idées* , et ces images et les élémens ou rapports que l'esprit apperçoit en elles, et les circonstances qui les accompagnent ; en un mot , j'y comprendrai tout ce qu'on imagine. Ainsi on dira l'idée de la *rose* , l'idée du *moi* , l'idée des opérations de l'esprit, l'idée des rapports qui existent entre les objets.

On voit que je place sous le mot *idée* une classe entière de phénomènes. Par la suite je les diviserai en famille, suivant la différence de leur origine et les caractères qui les distinguent.

Je crois, en donnant cette interprétation au mot *idée*, me conformer à la fois et à l'étymologie rigoureuse du mot, et à l'usage le plus général. Le mot grec εἰδέα duquel est venu *idea* pour les latins, et *idée* parmi nous, est généralement traduit par *image, simulacre*. Toutes les fois qu'on dit : *j'ai l'idée d'une action, d'une chose*, on annonce que l'image de cette action, de cette chose est présente à l'esprit ; on ne suppose jamais que cette action, ou cette chose, s'offre au moment même à nos regards. On ne dit point qu'on a l'idée d'un objet quand on le touche, ni celle d'une couleur quand on la voit ; et cela est si vrai, que si l'on veut parler d'une chose absolument imaginaire et qui soit sans réalité, on se borne à dire que c'est une idée, que cela n'existe qu'en idée.

Ainsi l'idée sera à la perception ce que

l'image est à la sensation, et ce seront aussi deux classes correspondantes.

Une idée peut être considérée en une double manière, ou dans son rapport avec le *moi* qu'elle modifie, ou dans son rapport avec la perception dont elle tire son origine ; mais c'est sur-tout sous ce dernier rapport que nous avons coutûme de l'envisager. Comme nos simples manières-d'être, elles nous intéresseroient peu, parce qu'à l'ordinaire elles ne nous affectent pas vivement. Mais comme les représentations de nos sensations et de tout ce qui les accompagne, elles ont pour nous un haut dégré d'intérêt, ainsi que nous le verrons tout-à-l'heure, semblables à ces envoyés, revêtus d'un caractère public, dont on n'estime souvent point la personne, mais qui deviennent importans et respectables par la puissance qu'ils représentent, et dont ils tiennent la place parmi les hommes.

Aussi peut-on remarquer que dans nos langues on n'a jamais songé à donner un nom différent à une idée et à la perception qu'elle représente dans notre esprit ; on se borne à dire : *l'idée de telle chose*, comme on diroit : *le portrait de tel homme.*

Les idées, ainsi que les sensations, servent d'objet à la réminiscence ; mais cette faculté s'exerce ici de deux manières différentes.

D'abord, si une idée que l'imagination avoit déjà reçue y reparoît une seconde fois, et qu'elle soit suffisamment remarquée en chaque rencontre, nous reconnoîtrons que nous avons déjà eu cette idée. Ainsi, en lisant Rabelais, j'aurai conçu l'idée de *l'Isle des Lanternes*, et à ce moment, en me la retraçant de nouveau, je me rappelle que mon esprit l'avoit imaginée.

Ensuite lors même qu'une idée se montre pour la première fois à notre esprit, en sa fonction d'idée, si je puis dire ainsi, c'est-à-dire, si nous venons à imaginer pour la première fois une sensation que nous avons reçue, nous reconnoîtrons dans cette idée la réprésentation de la sensation qui nous a modifiés. Nous ne dirons pas : *J'ai eu cette idée*, mais : *j'ai éprouvé la sensation dont elle est l'image.* Ainsi j'aurai été hier voir un spectacle nouveau ; aujourd'hui mon esprit s'en retrace les détails, il se reporte sur la scène ; il a les idées des sensations qu'il éprouva, et ce sont ces sensations qu'il reconnoît en elles.

La réminiscence ainsi appliquée à l'imagination, est ce que j'appelle la *mémoire*.

Ainsi lorsque la mémoire nous rappelle le passé, c'est que nous retenons les idées des états dans lesquels nous nous sommes trouvés, et que nous y joignons un acte de *réminiscence*.

De sorte que non-seulement nous jugeons ce que nous sommes, mais encore ce que nous avons été, lorsque nous avons cessé de l'être. Phénomène vraiment admirable, que par l'artifice de la mémoire nous puissions voir encore ce que nous ne sommes plus, que nous conservions une sorte de conscience, lorsque le sentiment est éteint, et que nos manières-d'être, après leur anéantissement, puissent reparoître dans notre imagination, à-peu-près comme ces ombres mystérieuses qui erroient dans l'Elysée, délivrées de tout ce qu'elles avoient de matériel, et qu'on reconnoissoit encore, quoiqu'on ne pût les toucher et les saisir !

Ici nous avons donc déjà deux sortes de jugemens. Les uns, par lesquels nous prenons connoissance de ce que nous sommes; les autres, par lesquels nous connoissons ce que nous avons été.

Une autre espèce de jugemens va naître, et leur origine mérite d'autant plus notre attention, qu'elle est très-importante, que jusqu'à ce jour elle a moins fixé celle de la plûpart des philosophes.

De même qu'en vertu de la réminiscence nous rapportons souvent nos idées à des états qui ne sont plus, ainsi que je viens de l'expliquer, il nous arrive souvent aussi de les rapporter à des objets que nous supposons actuellement existans, mais éloignés de nous, et que notre esprit ne peut appercevoir. Ceci arrive en vertu d'une loi de notre être, que je vais tâcher d'expliquer.

Je suppose qu'entrant dans un appartement, je sois affecté de l'odeur d'une rose, quoique la rose elle-même ne s'offre point à mes regards. Les idées de sa forme et de sa couleur se retracent de suite à mon imagination. Mon esprit alors les rapporte à un objet dont la présence ne l'affecte

point , mais dont il suppose l'existence.
je mécrie : *il y a assurément ici un
bouquet de roses!* J'en suis à-peu-près aussi
certain que si je les avois vues et touchées.
Autant m'en arrive, lorsque j'entends dans
une antichambre voisine l'accent de la
voix d'un ami; je ne doute point qu'il ne
soit là , quoique mes bras ne le serrent pas
encore. Je connois ou je crois connoître
un fait que je n'apperçois pas. Le voici !
m'écriai-je, en me levant pour aller au-de-
vant de lui; et si l'on me demande , comment je sais qu'il est là ? *N'est-ce pas,*
dis-je alors, *comme si je le voyois ?*

Il y a donc , en quelque sorte , une manière de voir, sans voir, ou pour mieux
dire de supposer des faits que nous n'appercevons pas. Or , j'étends à ces nouveaux actes de notre esprit, le nom général
de *jugemens.* Ainsi , un jugement sera
l'acte par lequel nous appercevons , ou
supposons un fait, qui par-là prend place
dans notre connoissance; et les jugemens
se diviseront en deux grandes classes : les
uns , par lesquels nous appercevons les
faits qui affectent nos sens par leur présence actuelle ; les autres , par lesquels

nous supposons leur existence, lorsque nous ne pouvons plus les atteindre. Nous appellerons jugemens *d'évidence*, ceux qui se fondent sur une perception immédiate; nous donnerons le nom de simple *croyance*, à ceux qui ne sont déterminés que par cette supposition de l'esprit.

Quelle est donc cette disposition singulière, par laquelle notre esprit suppose ainsi des faits qu'il ne peut plus atteindre par une directe intuition? Qu'est-ce que juger, lorsque ce n'est plus appercevoir? Je ne saurois définir ce phénomène en lui-même, que parce que nous éprouvons au moment où il a lieu. Je dirois donc que lorsque l'esprit n'a plus la perception immédiate des objets, il lui arrive cependant quelquefois de se retrouver, à la seule occasion des peintures que l'imagination lui présente, dans une disposition semblable à celle où il se trouvoit en les appercevant. Je dirois que toutes les circonstances qui accompagnent l'acte d'appercevoir, les effets qu'il produit en nous-mêmes, que l'état où il met l'esprit, que tout cela se renouvelle alors, hors cet acte seul de perception; en sorte que ces nouveaux jugemens sont aux jugemens d'évidence, à-peu-près dans le même rapport où les images sont à la sensation, qu'ils ont tout en commun avec eux, hors le fondement sur lequel ils reposent; je dirois enfin, que c'est une sorte de confiance que notre esprit accorde à ses idées, en vertu de laquelle il prend les mêmes déterminations qu'il prendroit sous l'empire même des sensations, il donne son suffrage à notre conduite, et il éprouve, en agissant de la sorte, une paix entière, et une véritable sécurité. C'est cette sécurité, cette paix, cette confiance que nous exprimons par le mot de *certitude*, et comme elle pent être plus ou moins parfaite, ainsi que nous le verrons tout-à-l'heure, il y a aussi différens dégrés de certitudes; et c'est-là ce que nous énonçons nous-mêmes par cette expression pleine de vérité, qui est comme le cri de la nature : *Je ne vois pas*, disons-nous, *mais c'est comme si je voyois.*

On me demanderoit vainement une définition plus analytique de cet étonnant phénomène. Il est au nombre de ces faits primitifs, que les raisonneurs essaieront toujours inutilement de soumettre à leur dissection, et qu'ils ont ordinairement trop de peine à admettre, par la seule raison qu'ils ne peuvent pas les expliquer. Tous mes efforts ne peuvent servir qu'à aider chacun à le remarquer, à le reconnoître en lui-même, lorsqu'il ajoute foi à quelque chose qu'il ne voit pas. Car il n'est personne à qui il n'arrive souvent, lors même qu'il est privé de la lumière de la perception, d'éprouver en présence de ses seules idées, dans un dégré plus ou moins fort, la même assurance que la sensation lui donnoit, d'être par elle conduit aux mêmes actions, soumis aux mêmes sentimens, et qui ne soit prêt à dire, en portant un jugement sur un fait : *Je ne sens pas, mais je crois, ou je sais, et il ne m'en faut pas davantage pour mon repos.*

Au reste, je ne prétends point encore examiner ici les motifs ou les causes qui nous déterminent à croire, ni les conditions nécessaires pour rendre cette croyance sûre et légitime, ou les défauts qui la rendent vicieuse. Je me borne seulement à expliquer ce que c'est que *croire*, ce qui se passe en nous quand nous croyons.

C'est ici pour nous une nouvelle espèce

de connoissances. Nous connoissons, ou croyons connoître des choses que nous ne voyons point, dans les représentations que l'imagination nous en fournit, et ainsi nos idées ne sont pas seulement d'oisives peintures , faites pour amuser notre curiosité , ce sont encore des instructions plus ou moins fidèles que nous venons consulter dans nos besoins.

Alors seulement, les faits , au lieu de se placer pour nous dans ce voisinage où les montroit la sensation , vont se transporter dans un certain lointain , où nos sens ne peuvent plus s'étendre et que l'imagination seule peut visiter. Ce lointain se forme de deux manières, ou par l'intervalle des tems , ou par l'intervalle des distances.

L'intervalle des distances peut se prendre en autant de sens différens qu'il y a de directions qui viennent aboutir à nous comme à leur centre, c'est-à-dire, qu'il y a d'espèces de mouvemens possibles pour notre corps; et l'intervalle des tems peut se prendre en deux sens , parce qu'il y a deux séries opposées de tems qui viennent se terminer au présent, savoir le passé et l'avenir, c'est-à-dire, parce qu'il y a deux ordres différens de succession, que nous pouvons établir entre notre état actuel et la chose imaginée, selon que, du point où nous sommes, nous jettons les yeux en avant de nous ou en arrière.

Tel est l'artifice au moyen duquel nous parvenons à accorder la voix de la conscience, qui nous avertit qu'une chose ne nous est pas actuellement présente, avec le besoin que nous avons de la croire cependant existante. Nous la transportons dans un lieu, dans un tems qui n'est plus du ressort de la conscience. Ainsi l'imagination secoue le joug de cette austère surveillante, qui eut arrêté son essor et démenti ses affections. Ainsi, franchissant les limites du cercle étroit de la sensation, elle voit les portes d'un monde nouveau et inconnu s'ouvrir devant elle, et elle revient nous en entretenir, libre et maîtresse, quand elle ne fait que suppléer à l'évidence, impuissante, si elle tentoit de la contredire.

Ainsi, dans les deux exemples que je citois tout-à-l'heure, nous supposions la rose, dont l'odeur nous affectoit, dans quelque partie de l'appartement où nos yeux ne pouvoient atteindre ; nous supposions l'ami dont nous entendions la voix, dans une chambre voisine de la nôtre. Voilà l'intervalle des distances. En remarquant sur la poussière les traces que les roues d'un char y ont laissées, nous supposons que ce char y a passé dans un tems antérieur à l'instant actuel ; en appercevant un éclair, nous supposons que le bruit du tonnerre va se faire entendre ; voici le double intervalle des tems. C'est comme si nous avions le moyen de voir hors la portée de nos yeux, de sentir dans l'avenir, dans le passé, dans ce passé que n'atteint pas la mémoire.

Nous avons donc, tout-à-la-fois, dans nos jugemens de simple croyance, un supplément à la perception, un supplément à la mémoire, et le moyen de la prévoyance.

Quelquefois une image est si vive, le mécanisme physique qui la produit, se rapproche tellement de celui qui donne naissance à la sensation, que la modification que nous en recevons, se confond avec celle que la sensation nous faisoit éprouver. Alors nous ne supposons plus les choses éloignées, passées, futures ; nous les supposons tout simplement actuelles, voisines de nous ; nous les plaçons sous l'empire de la conscience. C'est un phénomène que j'appellerois *vision*, et dont il existe de nombreux exemples.

La volonté s'attachant aux traces de l'imagination, va la suivre dans les vastes espaces où celle-ci s'est élancée. Selon que les choses passées, distantes, futures, qu'elle découvre nous retracent un plaisir ou une peine, nous verrons naître les regrets, la crainte, l'espérance, le désir, tous les sentimens qui se rapportent à des objets éloignés de nous, et que nous appelons des affections de l'ame.

Une passion est l'habitude d'une affection très-vive.

De toutes ces affections nouvelles vont naître aussi de nouveaux motifs pour notre attention. Toutes nos facultés vont recevoir à la présence de ce foyer une activité toute nouvelle. Grand et précieux effet de l'imagination ! Les jugemens qu'elle enfante donnent le premier éveil à notre être.

Mais s'ils exercent sur nous par leurs effets une utile influence, ils sont peu sûrs en eux-mêmes. Si toujours ils déterminent nos mouvemens, souvent aussi ils nous égarent. Le vol d'Icare fut l'emblême de la *croyance*. Elle nous prête des aîles, nous nous élevons par elles au-dessus des nues ; mais en perdant terre, nous devons craindre la chûte, et nos forces nouvelles deviennent le principe de nos dangers.

En effet, aux jugemens de *croyance* on voit naître la triste distinction de l'erreur et de la vérité.

Lorsque nous connoissons ou croyons connoître les faits éloignés de nous par l'intervalle des espaces ou des tems, que faisons-nous en effet ? Nous supposons que, transportés dans un tel tems ou un tel lieu, nous éprouverions les sensations dont notre imagination nous retrace les idées à cette heure. Mais cette supposition n'est pas toujours exacte ; ces idées présentes à notre esprit ne sont pas toujours conformes aux sensations que nous éprouverions dans l'instant et le lieu déterminés.

Or la conformité des sensations que nous

imaginons, avec celle que nous éprouverions dans le lieu et le tems supposé, voilà la *vérité*.

La dissemblance de ces sensations, voilà *l'erreur*.

Ainsi la *vérité* ou *l'erreur* ne consistent que dans la fidélité ou l'infidélité des rapports que nous fait l'imagination et qu'admet la croyance.

On voit combien c'est une question frivole que celle élevée par quelques philosophes, sur la certitude du jugement d'évidence. Il n'y a proprement, à l'égard des jugemens d'évidence, ni erreur, ni vérité ; car il n'y a en eux aucun rapport fait par l'esprit d'une idée à son modèle. *Errer* suppose toujours un but éloigné auquel on se dirige et qu'on ne sait point atteindre ; celui-là ne sauroit donc s'égarer, qui ne cherche point à sortir du cercle de son existence actuelle et à se transporter où il n'est pas. *L'exactitude*, la *justesse*, se disent d'un portrait, à proportion qu'il est plus ressemblant mais ne s'appliquent point à l'original.

Il est tout aussi inutile, qu'il est insensé, de vouloir exiger une preuve pour justi fier la certitude que les jugemens d'évidence nous inspirent. Jamais un philosophe, avec tous ses argumens, ne parviendra à faire douter un homme qui voit, s'il voit en effet; la confiance qu'il éprouve n'est point un acte de son esprit, mais une loi de sa nature. C'est à ce sentiment primitif que la philosophie doit tâcher de nous reconduire, mais c'est-là qu'elle doit s'arrêter; autrement elle ne feroit que de se perdre elle-même dans un vain labyrinthe. Ainsi l'opticien dirige la lumière et ne la crée pas, ainsi le mécanicien met en jeu les forces de la nature et ne leur donne pas l'être.

Une fois que, sur le rapport de l'imagination, nous avons admis un fait que nous n'appercevions point, nous pouvons établir autour de ce fait de *nouveaux jugemens de croyance*; c'est-à-dire, nous pouvons supposer qu'un autre fait dépend de lui, l'accompagne, le précède ou le suit; nous attachant de même à ce second fait, nous pouvons supposer sa liaison avec un troisième. Or une suite de jugemens ainsi liés, est ce qu'on appelle un *raisonnement*. Le premier fait de la chaîne est ce qu'on appelle un *principe*, parce que c'est à lui qu'on commence ; enfin le jugement par lequel on réunit le premier et le dernier anneau, est ce qu'on appelle *une conséquence*.

On voit par là que les jugemens d'évidence peuvent servir de principes, mais non de conséquences ; qu'ils peuvent être les bases d'un raisonnement, et non ses résultats. Nous montrerons même par la suite que l'art du raisonnement ne consiste qu'à transmettre à d'autres jugemens la lumière qui appartient à ceux-ci, et qu'une vérité quelconque n'obtient pour nous de réelle certitude, qu'en empruntant l'évidence des premiers principes.

J'ai expliqué la nature des idées et des jugemens. Il faut exposer maintenant les causes qui font naître ces idées, les motifs qui nous déterminent à porter ces jugemens. J'ai détaillé les phénomènes que nous présente cette grande faculté qu'on appelle *imagination* ; il me reste à examiner les lois qu'elle suit dans leur production. Cette recherche terminera le tableau de nos facultés naturelles, et l'histoire philosophique de l'homme solitaire.

# CHAPITRE TROISIÈME.

*Des lois auxquelles est soumise l'apparition de nos idées. Causes qui la déterminent. D'une première espèce de signes. Leurs fonctions.*

Nous avons dit qu'en l'absence des objets qui ont déterminé nos sensations, le mécanisme physique de ces sensations se renouvelloit souvent en partie, et donnoit alors naissance aux phénomènes de l'imagination. Or, comment se fait-il que ce mécanisme soit mis en jeu, lorsqu'il manque d'occasions externes ? Quelle est la cause qui détermine l'ébranlement de l'organe, lorsque cet organe n'est plus soumis à l'action d'objets étrangers ?

Plusieurs causes y concourent, et agissent chacune à leur manière.

La première est dans le jeu naturel des forces animales. Plusieurs d'entr'elles peuvent étendre leurs effets sur le cerveau, et par le choc ou la pression qu'elles font éprouver à cet organe , déterminer un ébranlement dans les extrémités des nerfs qui viennent s'y réunir.

C'est ainsi , par exemple, que, pendant les heures du sommeil , le sang agité par une suite de la disposition momentanée où le corps se trouve, ou les vapeurs qui s'exhalent de l'estomach, ou, enfin, tout autre fluide, en se portant abondamment au cerveau , tirent quelqu'une de ses parties de l'état de repos et d'oisiveté où l'absence des sensations l'avait laissée. L'extrémité des nerfs qui aboutit au *sensorium* est mise en jeu, pendant que celle qui va se terminer à la surface de notre corps est en repos. Certaines images alors naissent et apparoissent à notre esprit. Elles sont d'autant plus abondantes , que les causes agissent avec plus de force, et d'autant plus désordonnées, que ces causes agissent d'une manière plus convulsive.

Le même phénomène se reproduit, dans l'état d'yvresse, par des causes à-peu-près semblables. Les idées alors semblent nous venir au hasard, parce que leur apparition n'est point réglée par l'ordre de leur liaison, ni soumise à l'empire de l'esprit, mais uniquement déterminée par les secousses momentanées qu'éprouvent tour-à-tour les diverses parties du cerveau, comprimées par le sang ou les vapeurs.

Enfin, dans l'état même de veille et de raison, le travail de la digestion, les dérangemens survenus dans l'équilibre de nos humeurs, mille circonstances de la situation intérieure de notre corps, dont je laisse aux anatomistes le soin de faire le détail et d'expliquer les effets, étendent leur influence jusqu'au cerveau, et produisent l'apparition de certaines images (1).

---

(1) Il ne faut point confondre l'effet que j'explique ici, avec celui dont je parlois au chapitre I.ᵉʳ, page 8ᵉ. Alors je faisois remarquer que les ramifications nerveuses répandues dans l'intérieur de notre corps deviennent, en quelque sorte, un sens particulier, et nous transmettent quelquefois des *sensations* d'une espèce toute différente de celle que nous obtenons par les organes extérieurs. Tels sont, par exemple, le mal de tête, et la pesanteur d'estomach. Ici je veux dire que les dérangemens opérés dans l'intérieur de notre corps, excitent et réveillent quelquefois en nous les *images* des sensations que nous aurons obtenues par les sens extérieurs ; ainsi, par exemple, on voit dans certaines affections nerveuses, tous les souvenirs

Mais cette première espèce de causes n'exerce point sur nous une action habituelle et continue, et l'on doit considérer plutôt cette action comme un accident, que comme une loi générale de notre être.

Une seconde espèce de causes, est dans le pouvoir que nous exerçons nous-mêmes sur nos organes. Comme plusieurs paires de nerfs sont à nos ordres, un acte de la volonté suffit pour déterminer des mouvemens dans l'intérieur de notre corps. Ces mouvemens, à leur tour, peuvent réagir sur nos nerfs et y produire des ébranlemens. Tel est l'exercice que fait souvent un poëte qui cherche à s'exalter, ou un philosophe qui veut se livrer à la méditation. Ce n'est pas que nous ayons le pouvoir d'exciter en nous, à volonté, et d'une manière immédiate, telle ou telle idée particulière, comme nous avons la faculté de lever tel ou tel doigt ; mais nous pouvons du moins, par le seul effet de l'attention, produire un ébranlement vague et général,

---

des peines morales de la vie se retracer en foule à l'esprit, et produire, par leur présence habituelle, cette disposition qu'on appelle mélancolie.

le prolonger même dans certains organes, et rendre par-là les idées plus abondantes, ou leur apparition plus durable.

Mais ce phénomène, ainsi que les précédens, ne se présente pas d'une manière habituelle. D'ailleurs, il n'aura lieu que lorsque nous serons exercés à réfléchir sur nous-mêmes. Car on ne sauroit faire usage d'un pouvoir, que lorsque on a déjà remarqué qu'on le possède ; et à l'époque où nous sommes, la faculté de réflexion est encore chez l'individu dans une inaction presque absolue (1).

Enfin, une dernière cause détermine

______

(1) Il faut aussi remarquer une chose très-singulière, c'est qu'il ne paroît pas qu'aucune des causes que je viens do dénombrer puisse jamais ébranler dans le cerveau un nerf que la sensation n'eût pas déjà mis en jeu une fois. Jamais un homme, ni par sa volonté, ni dans aucune crise nerveuse, ni dans aucun cas possible, n'imaginera ou une odeur, ou une couleur, ou une sensation simple quelconque qu'il n'eût point éprouvée déjà. Je dis une sensation simple, car il pourroit, avec des sensations déjà connues, former de nouveaux composés ; ainsi on peut imaginer un héxagone, sans en avoir vu jamais. Mais je ne parle point encore ici du pouvoir que nous avons de combiner nos idées.

dans notre cerveau ces ébranlemens qui donnent naissance aux images , et c'est à celle-ci seulement que nous devons nous attacher. Car , outre que c'est la cause principale, habituelle, que nous lui devons nos idées de chaque moment , elle seule est assujétie à une marche régulière et constante , elle seule produit des effets ordonnés entre eux , elle seule peut se trouver modifiée dans son influence par les procédés de la philosophie , et devenir , entre ses mains , une source de lumières , et un moyen de perfectionnement.

Cette cause est la loi d'une dépendance réciproque , établie entre les organes du cerveau , qui servent de ministres aux sensations de toute espèce.

Ces organes , quels qu'ils soient , dont la mystérieuse nature échappera long-tems, et toujours peut être, à nos observations, et ne sauroient être que l'objet de nos hypothèses, ces organes , dis-je , se lient entre eux de telle manière , que l'ébranlement excité dans l'un d'entre eux , décide à son tour un ébranlement semblable dans un ou plusieurs autres.

De telle sorte que si l'un de ces organes

vient à être de nouveau mis en jeu par l'action d'un objet extérieur, il n'en faudra pas
davantage pour que ceux qui lui sont associés en vertu de cette loi , soient éveillés en
concours avec lui , accompagnent son
ébranlement total de leur ébranlement par-
tiel, et que l'action exercée au dehors sur
un seul point de nos extrémités sentantes,
détermine ainsi , par contre-coup , une action multiple sur le centre de notre cerveau.

Et la sensation produite par le nerf que
l'objet externe a affecté, sera accompagnée
en nous-mêmes des images qu'exciteront
les autres nerfs, associés au premier ; semblables à ce cortège qu'enchaîne autour
d'un grand , la dépendance de l'habitude
ou de l'intérêt , et qui se presse par-tout
sur ses pas.

Or , cette association se formera en trois
manières :

1°. Elle aura lieu si les organes appro-
priées à deux ou plusieurs sensations ont
été ébranlées en même-tems, pourvu toutefois que les manières-d'être qu'ils nous ont
fait éprouver ayent reçu une attention suffisante ; souvent même il sera nécessaire que

cet ébranlement simultané se soit renouvelé plusieurs fois.

C'est ainsi qu'accoutumé à recevoir ensemble l'impression de l'odeur d'une rose et celle de sa couleur et de sa forme, nous ne saurions plus être affectés par l'une d'entre elles, sans que l'image des autres ne vienne s'offrir à l'esprit.

Il faut remarquer que l'ébranlement simultané des nerfs aura dû être d'autant plus répété, que l'attention aura été moins grande, et réciproquement l'attention aura dû être d'autant plus grande, que l'ébranlement simultané aura été moins fréquent. Ce n'est que dans le cas d'une attention extraordinaire, qu'un seul ébranlement peut suffire à former l'association. Ainsi, l'homme auquel il sera arrivé un accident grave sur une route, qui y aura été attaqué par des voleurs, ou s'y sera fracassé un membre, ne sauroit repasser au même endroit sans se retracer les principales circonstances de l'évènement dont il a été le théâtre.

2°. Les organes appropriés à deux ou plusieurs sensations contracteront une liaison réciproque, s'ils ont été ébranlés dans des tems immédiatement ou presque immédiatement successifs.

Ainsi, prendre une poire, la manger, sentir la faim appaisée, voici trois sensations successives. Lorsque je les aurai éprouvées, il ne m'arrivera plus de prendre une poire, sans que je ne songe à la manger, sans que je me représente l'idée de l'état agréable dans lequel je me trouverai à l'instant qui suivra.

Les idées, pour se lier dans ce nouveau rapport, exigent les deux mêmes conditions que sous le rapport précédent.

3°. Enfin, les organes appropriés à deux ou plusieurs sensations, s'établissent dans une liaison naturelle, par cela seul qu'il existe une prochaine et sensible analogie entre leurs sensations correspondantes.

C'est ainsi que lorsque nous sommes affectés de quelques peines, l'image de toutes celles que nous avons éprouvées pendant la vie, accourt se retracer à notre pensée. C'est ainsi que dans la conversation, si quelqu'un vient à raconter une aventure, chacun a la bouche ouverte pour en dire une semblable.

Il paraît qu'une analogie relative à celle

qui existe entre les sensations, subsiste de même entre leurs organes, ou du moins que celle-ci suppose entre eux quelque sympathie, quelque affinité, en vertu de laquelle ils soient soumis à de communes lois.

Plus l'analogie sera étroite, plus l'association deviendra forte, et plus aussi par conséquent le réveil de l'idée sera sûr et facile.

Simultanéité, succession, analogie, voilà donc les trois principes divers sur lesquels se fonde la liaison mécanique qui détermine l'apparition et le retour des idées dans notre esprit.

Il y auroit une foule de choses curieuses à remarquer dans les effets de ces lois. Comme toutes les lois de la nature, elles sont aussi variées, aussi riches dans leurs résultats, qu'elles sont simples dans leurs principes. Mais ces détails seroient étrangers à notre dessein, et l'on peut d'ailleurs renvoyer ici chacun à son expérience de tous les jours.

La loi de l'association entre les organes n'est pas telle qu'un organe pour en ébranler un autre, ait besoin d'être ébranlé lui-même dans toute son étendue ; ainsi une image peut exciter en nous une autre image, et de même une série d'images peuvent s'exciter les unes les autres. Mais il faut toujours qu'une première sensation liée à quelqu'une d'entre elles, serve d'occasion à ce mouvement général, et vienne secouer, si je puis dire ainsi, toute cette chaîne.

Ainsi nos sensations sont proprement les auteurs de l'apparition de nos idées, et la grande loi de l'association est le fondement du pouvoir qu'elles exercent.

Si nous tenions un registre exact de ce qui se passe en nous-mêmes, nous y verrions toutes les idées qui se sont offertes à nous, distribuées en groupes autour des sensations qui les auroient excitées, ou si l'on aime mieux, reposant sur chacune d'elles comme sur leurs pivôts.

Et de même aussi si nous pouvions prévoir d'avance la suite des sensations qui devrons nous affecter, nous appercevrions autour d'elles toutes les idées qui pourront s'offrir à notre esprit au moment où ces sensations viendront donner en quelque sorte la commotion électrique à notre être.

Les sensations sont en quelque sorte les gardiens posés à la porte de notre esprit. Elles seules l'ouvrent aux idées.

Ici je commencerai à faire usage du mot *signe*. Je donnerai ce nom à toute sensasation qui excite en nous une idée, en vertu de la liaison qui règne entre elles. Qu'on y prenne garde, ce n'est pas à la sensation en elle-même que ce nom est donné, elle ne le prend que par rapport à la fonction qu'elle exerce.

Ainsi, je dirai que l'odeur d'une rose, par exemple, est le *signe* des idées de couleur et de forme qu'elle excite. La vue de l'éclair sera le *signe* de l'idée du tonnerre. La vue d'une maison sera pour moi le *signe* de l'idée de ceux qui l'habitent et des jouissances que j'ai peut-être goûtées sous son toît.

Cette acception du mot *signe* me semble être celle que Condillac a le plus ordinairement adoptée. Elle me semble aussi celle qui est le plus conforme à l'usage général et aux lois de l'étymologie. Signe, *signum*, exprimoit dans l'origine quelque chose de sensible, destiné à noter, à marquer, à annoncer d'autres choses qui ne l'étoient pas, ou si l'on aime mieux, un fait présent à nos yeux, destiné à nous apprendre d'autres faits invisibles ou inconnus. Delà, parmi

nous l'usage des mots *signer, signifier, désigner*, etc. Or, cet effet du signe ne peut
être produit que par la liaison de la sensation qui le compose, avec les idées qu'elle
excite à son tour dans l'esprit. Ainsi, dit-
on souvent *un signe de beau tems ou
de pluie, un signe de malheur ou de joie,
les signes d'une révolution prochaine*, etc.

Ainsi le mot *signe* n'est pas toujours
restreint aux seuls élémens du langage,
c'est-à-dire, aux moyens que les hommes
emploient pour se communiquer leurs pensées mutuelles; il est aussi appliqué aux
moyens que la nature emploie pour déterminer les pensées d'un individu. Les signes
ne nous représentent pas seulement les
idées des autres hommes; ils nous représentent aussi nos propres idées.

Je me suis sur-tout décidé à adopter cet
usage du mot *signe*, parce qu'il sert à
classer un genre de phénomènes qui vont
devenir très-importans pour nous, je veux
dire, ceux qui résultent de la liaison de
nos idées avec certaines sensations qui
les excitent, parce qu'il exprime la propriété commune sur laquelle sont fondés
les effets du langage, parce qu'il exprime

le rapport le plus philosophique que le langage aie à l'esprit. Car si un signe devient un moyen de correspondance entre deux ou plusieurs individus, c'est qu'il a excité certaines idées dans l'esprit de chacun d'eux, et si les effets du langage se lient par un étroit rapport au progrès de nos connoissances, c'est en vertu de cette propriété qu'ont les signes dont il se compose, d'exciter en nous certaines idées ; propriété admirable sur laquelle se fondent à-la-fois et les conceptions du poëte, et les méditations du philosophe, et l'influence qu'ils obtiennent sur les autres hommes! La liaison des idées est l'agent mystérieux qui met l'homme en rapport avec les choses et avec ses semblables, qui forme la chaîne de nos connoissances, et les nœuds de la société ; c'est le principe secret qui unit en-semble toutes les parties du monde intel-lectuel et moral, et qui devient ainsi aux esprits, à la pensée, ce que les affinités sont à la matière.

Cependant, comme il importe de ne point confondre les signes qui servent aux communications humaines, avec ceux qui n'étendent leur effet que sur l'esprit d'un seul homme, ou pour mieux dire, comme il importe de distinguer la propriété qu'ont les signes, d'exciter en nous certaines idées, de celle qu'ils acquièrent ensuite, et qui les rend capables de rappeler à la fois les *mêmes idées* à plusieurs individus, j'aurai toujours soin de traiter à part ces deux rapports différens, je les désignerai par des noms particuliers. Toutes les fois que je dirai *signe*, je n'entendrai considérer dans les signes que leur propriété relative à l'individu, celle de lui donner certaines idées. Je dirai, *signes du langage*, lorsque je voudrai considérer aussi en eux la fonction qu'ils remplissent dans nos communications avec nos semblables.

Jusqu'à ce moment, les signes dont j'ai fait l'histoire, ne jouissent point encore de cette seconde propriété. Ils n'ont point encore le pouvoir de faire connoître à un homme, la pensée d'un autre homme. Nous montrerons bientôt comment ils viennent à l'acquérir.

Ce sont uniquement des signes person-nels, des signes muets, si je puis dire ainsi. Ils ne représentent à l'individu que sa propre pensée.

Ces signes ne doivent rien non plus à notre propre institution, à notre choix. La valeur dont ils jouissent est déterminée par des causes étrangères, par celles qui décident de la liaison de nos idées.

Ces causes, avons-nous dit tout à l'heure, sont au nombre de trois; la simultanéité des sensations, leur succession immédiate, l'analogie qui est entre elles.

Ainsi, on pourroit distinguer trois espèces de signes, selon la nature de la liaison qui subsiste entre la sensation et les idées qu'elle excite, et qui font la vertu représentative du signe.

Une sensation qui éveille l'idée de celles qui nous modifièrent en commun avec elle, appartiendra à la première espèce.

Une sensation qui éveille l'idée de celles qui la précédèrent ou la suivirent, appartiendra à la seconde.

Une sensation enfin, qui éveille l'idée de celles qui lui ressemblent, en quelque moment qu'elles nous ayent affectés, se rapportera à la troisième.

On voit que les deux premières sortes

tirent leur force des circonstances qui nons ont fait éprouver certaines sensations, dans un certain ordre, et que la troisième sorte tire plutôt sa force de la nature même de ces sensations.

Or, comme l'ordre des circonstances est quelquefois une loi constante de la nature, et quelquefois une pure rencontre du hasard, nous aurons des signes naturels et des signes fortuits (1).

Il ne faut pas oublier que l'attention est toujours une condition nécessaire, pour la liaison des idées. Ainsi, les signes lui doivent aussi une partie de leur vertu, et parmi les sensations simultanées, successives ou analogues, celles-là seules deviendront signes, qui auront été suffisamment remarquées.

Diverses observations se présentent maintenant à l'égard de ces signes.

_______________

(1) Les deux premières espèces de signes supposant toujours une répétition plus ou moins fréquente, et reposant ainsi sur cette disposition mécanique du cerveau que nous nommons *habitude*, s'appelleront *signes d'habitude*. La troisième expèce retiendra le nom de *signes d'analogie*.

La première, c'est qu'une sensation déjà connue sera pour nous ordinairement un signe ; car elle n'aura pas manqué de se lier à quelques autres.

La seconde, c'est que deux sensations peuvent être les signes réciproques de leurs images correspondantes. Je veux dire que comme, par exemple, l'odeur d'une rose réveille en nous l'idée de sa forme et de sa couleur, la vue de sa forme et de sa couleur réveilleroit en nous l'idée de son odeur, si nous ne la sentions point encore.

La troisième, c'est qu'une idée a ordinairement plusieurs signes, parce qu'étant liée à plusieurs autres, elle peut être excitée par les sensations dont elles sont l'image. Ainsi, l'odeur de la rose peut nous être retracée également par sa forme et par sa couleur, ou même par la simple vue de la tige qui la porte.

La quatrième, c'est qu'une sensation est ordinairement le signe commun de plusieurs idées, et qu'elle excite ainsi à la fois un faisceau d'images dans l'esprit. Cette vérité se lie à la précédente.

Quelquefois les idées qu'une sensation excite sont toutes liées directement à la sensation elle-même ; quelquefois une idée n'est point liée directement à la sensation, mais seulement à une autre idée, que cette sensation excite.

Quelquefois les idées qu'une sensation éveille, n'ont entre elles d'autres liaisons que celles qui doivent leur origine aux circonstances ; quelquefois elles sont associées entre elles, en vertu de leur analogie sympathique. Dans le premier cas, le tableau qu'elles présentent par leur réunion, n'est que la copie d'un fait qui a eu lieu, ou du moins la copie des circonstances de ce fait, qui ont été remarquées par nous. Dans le second cas, ce tableau peut présenter quelque chose de neuf. Les élémens en sont anciens, mais la combinaison sera nouvelle.

Ceci me conduit à une vérité importante ; c'est que l'imagination est la faculté qui compose, comme l'attention est la faculté qui décompose. Je donne au travail qu'elle exécute ici, le nom de *synthèse*, mot Grec, qui correspond à celui de composition, et qui se trouve en opposition avec celui d'*analyse*.

Ici s'explique la différence que j'avois

annoncée, entre l'imagination considérée comme faculté passive et comme faculté active. Elle est passive, en recevant les idées qui servent d'élémens à ses tableaux; elle est active en les combinant. Ainsi, l'ouvrier trouve les matériaux existans, et c'est ensuite sa main qui les façonne.

Soit que l'imagination, en combinant ses idées, se borne à copier des modèles existans, soit qu'elle forme des combinaisons nouvelles, d'après la loi de l'analogie, il ne lui est point donné jusqu'ici de former des combinaisons arbitraires, ou qui soient fondées sur un choix raisonné de l'esprit. Le moment n'est point encore arrivé, où nous les verrons naître ( 1 ).

Je donne le nom d'*idées complexes*, aux tableaux formés ainsi par l'éveil simultané d'un faisceau entier d'idées. Ainsi,

--------------------------------------------------

(1) J'en ai déjà indiqué la raison. L'esprit ne sauroit diriger lui-même l'imagination, que lorsqu'il aura remarqué l'empire qu'il a sur elle. Mais la réflexion seule peut le lui révéler. Cette faculté de réflexion pour se développer et s'exercer, exige à-la-fois des motifs et des moyens, que le langage seul pourra lui procurer, ou la conduire à obtenir.

l'homme qui jouiroit de ces signes muets et uniquement personnels, et seroit encore privé du langage, auroit déjà des idées complexes ; mais il n'auroit encore aucune de celles appartenantes à cette classe, qui sont formées sur un modèle arbitraire.

Une nouvelle observation qui se présente, c'est que les signes dont je parle ici ne sauroient être que dés signes d'images entières, et non d'un fragment ou d'une circonstance de ces images.

En effet, j'ai remarqué qu'une sensation, quoiqu'elle nous présente à la fois plusieurs côtés différens, ne nous affecte jamais que de leur ensemble, qu'elle est toujours complette, en nous modifiant, et qu'il en est ainsi de son image. Il est donc évident que nos sensations, lorsqu'elles s'associent entre elles, s'unissent à la fois dans leur intégrité ; que lorsqu'elles excitent les images dans l'esprit, elles les y excitent sans démembrement. Il n'y a pas de possibilité à ce qu'une image n'apparoisse que dans une ou plusieurs de ses parties ; il n'y a pas de raison pour qu'une sensation éveille plutôt certaines parties que d'autres.

En donnant donc le nom d'*idées sen-sibles*, aux images, et le nom d'*idees abs-traites*, aux fragmens ou aux rapports de ces images, on voit que l'homme privé des signes du langage, n'aura encore que des signes d'*idées sensibles*, et non des signes d'*idées abstraites*; que son esprit ne fixera que des images particulières, et ne s'arrê-tera point encore à des notions générales.

Enfin la dernière observation, c'est que les signes dont je parle ici ne sont point encore produits par nous avec réflexion, qu'ils ne se présentent point à nous à vo-lonté, comme ceux qui fondent le langage. Ces signes ne sont autres que les circons-tances où nous sommes placés. C'est un ordre de choses étranger à nous, et que nous n'avons point déterminé. Pour que l'individu que nous supposons pût cher-cher à se procurer ces sensations, dans la vue d'obtenir certaines idées, il faudroit qu'il remarquât dans les sensations cette fonction de signes qu'elles exercent, qu'il raisonnât sur l'effet qu'elles produisent dans son esprit. Mais ses facultés, ainsi que nous le verrons, ne peuvent recevoir que du lan-gage seul un développement qui le rende capable de faire ce raisonnement et cette remarque.

Il a donc des signes, mais des signes dont il ne dispose point, et qu'il ne sauroit assujétir à aucune méthode.

Maintenant que nous avons déterminé l'acception des mots *signes* et *idées*, exposé la formation des idées et l'emploi des premiers signes, la première question proposée par l'Institut national, se résoudra d'elle même.

On a demandé si *nos premières idées supposent essentiellement le secours des signes ?*

Cette question se traduit en celle-ci : *Une idée peut elle nous apparoître autrement que par la présence d'une sensation à laquelle elle est liée ?*

Cette question, d'après ce que nous venons de dire, se résoudroit à l'affirmative pour les cas ordinaires, mais non d'une manière absolue ; car nous avons vu que la liaison des idées aux sensations n'est pas la seule cause de l'apparition de celles-là, mais seulement la cause la plus générale. ( Voy. les pages 53 et 54 ).

Si en conservant au mot *signe* la même

acception que je lui ai donnée, on vouloit étendre le nom d'idée à toute sensation distincte, il seroit démontré que les signes ne seroient point nécessaires à la formation des idées. Car puisque les signes eux-mêmes ne sont que des sensations répétées, reconnues, et par conséquent distinguées, comment sans des sensations distinctes, pourroit-il y avoir des signes ?

Si, au contraire, en conservant au mot *idée* l'acception dont je l'ai revêtue dans ces deux chapitres, on restreignoit celle du mot *signe* aux signes du langage, il seroit démontré encore que les signes ne sont en aucune manière nécessaires à la formation de nos premières idées ; car comment pourroit-on traduire ses idées, avant d'avoir des idées ?

Mais quoique les signes du langage ne soient pas nécessaires à la formation de *nos premières idées*, ils sont cependant, comme nous le verrons bientôt, nécessaires à la formation de *certaines* idées ; et l'influence qu'ils exercent sous ce rapport, est celle qui, par son importance, mérite toute l'attention du philosophe, parce quelle est celle qui s'allie à nos plus diffi-

ciles et plus importantes opérations , parce
que c'est celle qui présente d'utiles moyens
de perfectionnement.

On a déjà entrevu dans ce chapitre
combien les circonstances doivent influer
sur l'état de l'entendement humain. Je ne
terminerai point sans faire observer aussi
quels effets les lois de l'organisation doivent produire , et quel rapport la diversité des organisations doit avoir à la diversité du systême d'idées qu'on retrouve
chez les différens individus.

D'abord , suivant la diversité des organisations , le cerveau se trouve disposé à
donner plus ou moins de vivacité aux
idées qu'il reproduit. Or on observe que
deux sortes de tempérammens rendent
propres à se retracer plus vivement les
idées : les uns sont ceux où les esprits
semblent plus abondans, ou plus dégagés ;
les autres sont ceux où la foiblesse des
organes semble plus grande. On retrouve
les premiers chez les habitans des pays
chauds , les seconds chez les enfans et
les femmes.

En second lieu , suivant la diversité des
organisations , le cerveau peut se trouver

disposé à contracter des habitudes plus ou moins facilement, ou à les conserver plus ou moins solidement. On remarque que ces deux qualités ne sauroient guères se rencontrer à-la-fois dans un haut dégré chez le même homme, et qu'elles sont ordinairement en raison inverse l'une de l'autre.

Troisièmement, la diversité de nos organisations entraîne une diversité semblable dans nos besoins ; du moins change-t-elle la proportion qu'ils ont entr'eux. Les mêmes sensations ne sont pas également agréables ou désagréables pour tous les hommes. Elles n'attireront donc pas leur attention au même dégré, et suivant les mêmes rapports ; les associations d'idées ne se feront donc pas sur le même plan.

Enfin il faut aussi rapporter à l'organisation, la disposition particulière qu'on retrouve chez divers individus, à lier plutôt les idées selon telle ou telle analogie. C'est-là ce qui constitue, par exemple, la différence entre ce qu'on appelle un *esprit plaisant* et un *esprit sérieux*. Le premier assemble plutôt les idées selon les rapports propres à engendrer le ridicule. L'autre les associe plutôt selon les rapports constitutifs de leur nature.

Il résulte de-là, qu'avant l'institution du langage, le systême d'idées d'un individu pourroit en quelque sorte s'estimer par cette formule générale : *Le produit des circonstances par l'organisation.* Les circonstances ont offert la matière ; l'organisation a déterminé le choix. Le double rapport de l'esprit aux unes et à l'autre a donné les associations des idées.

# CHAPITRE QUATRIÈME.

*Causes qui déterminent les premiers Jugemens que nous portons sur les objets éloignés de nous. Lois qu'ils suivent. Erreurs auxquelles ils nous exposent.*

Nous avons distingué deux sortes de jugemens, les uns qui consistent à appercevoir les faits qui nous sont présens, les autres à supposer ceux qui sont éloignés.

Il est visible qu'on n'a pas besoin de chercher aux premiers une raison qui les justifie, ils la portent en eux-mêmes. On ne sauroit pas davantage leur assigner une cause occasionnelle qui les détermine. Leur simple et unique cause est dans la grande loi de notre nature, qui nous donne le pouvoir de connoître ce qui nous affecte.

Il n'en est pas de même des seconds. On doit demander de quel droit l'esprit suppose ce qu'il ne voit pas, et comme ces jugemens ne sont pas une loi générale de notre être, comme ils ont lieu dans quelques occasions, et ne se reproduisent point dans d'autres, c'est une intéressante recherche pour le philosophe, d'examiner quelles sont les circonstances particulières dans lesquelles se montrent des jugemens aussi singuliers, afin d'y puiser quelques données sur les occasions qui les déterminent.

Or, je remarque deux espèces de circonstances, à l'occasion desquelles ces jugemens ont lieu, qui me semblent être les seules jusqu'au moment où l'homme est porté, par l'usage des signes, à un plus haut degré de développement, et dont l'influence se fait encore sentir en nous tous d'une manière assez fréquente, lors même que par l'usage des signes institués nous sommes entrés en jouissances de toutes nos facultés, et admis, si je puis dire ainsi, dans le sanctuaire de la raison.

La première espèce de circonstances est la vivacité de certaines images, jointe au peu d'attention que nous mettons à remarquer le caractère qui les distingue encore des sensations véritables.

Etudions en effet ce qui se passe en nous, lorsque nous assistons à la représentation d'une pièce dramatique qui nous inspire un vif intérêt. Lorsque l'émotion que notre ame éprouve a fait passer dans l'imagination une nouvelle chaleur, et que nos passions ont ainsi rendu à nos idées ce qu'elles ont reçu d'elles, nous oublions tout d'un coup quel est le lieu où nous sommes, quels sont les hommes qui nous parlent. Nous nous transportons au tems, au séjour que l'auteur a supposé; nous croyons être témoins des faits, voir les personnages, et l'illusion dure jusqu'à ce que l'attention se reportant sur toutes les circonstances qui nous entourent, nous avertisse du jeu de notre imagination. La vivacité des images concouroit avec la distraction de l'esprit, pour nous faire supposer présentes des choses qui s'étoient passé loin de nous, qui peut-être n'avoient jamais été.

La dernière circonstance semble agir seule dans les songes. Nous n'avons pas de raison pour croire que les images qui nous sont offertes ayent alors une vivacité particulière. Mais soit que nos sensations se trouventalors elles-mêmes très-foibles ou nulles, soit que nous ne leur donnions aucune attention, l'esprit ne s'arrête qu'aux images qui lui viennent, et s'y livre sans réserve, parce qu'il manque du point de comparaison dont il avoit besoin pour les réduire à leur juste valeur.

Ces divers phénomènes paroissent se rapporter à une même et commune explication, je veux dire, la ressemblance devenue plus sensible entre l'image et la sensation. En effet, nous avons remarqué que ces deux manières-d'être ne diffèrent entr'elles, soit dans leur occasion physique, soit dans leur essence propre, que par le degré de de force avec lequel elles agissent sur nous ; et cette différence, quelque réelle qu'elle soit en elle-même, n'existe vraiment pour nous que du moment où nous la remarquons, c'est-à-dire, ou nous lui donnons une attention suffisante, par la comparaison des deux termes qui la constituent.

On pourroit donc poser en principe, que du moment où une image ne diffère plus de la sensation que d'une manière peu frappante, elle détermine en nous les mêmes effets que si elle se confondoit entièrement avec elle, c'est-à-dire, que nous portons alors les mêmes jugemens, que si nous étions immédiatement affectés par la présence des objets.

Le phénomène que je viens de décrire se confond, comme on voit, dans ses effets, avec celui dont je parlois au chapitre précédent et que j'appelois vision, et dans son principe, il n'en diffère que de peu de chose. Au reste, les exemples en sont assez rares, hors l'état de sommeil. En voici qui sont plus fréquents. C'est la seconde espèce de circonstances que j'avois annoncées.

Si deux ou plusieurs, faits s'offrant ensemble à notre observation, avoient déterminé chacun en nous autant de ces jugemens, que j'ai appelés *jugemens d'évidence*, si ces faits s'étoient renouvellés assez souvent, ou avoient obtenu une attention assez forte (1) pour que leurs idées se fussent liées dans notre imagination, il suffira qu'un de ces faits se renouvelle, et soit apperçu par nous, pour qu'à l'instant nous supposions tous les autres.

Ainsi, pendant qu'une sensation réveille dans l'esprit les idées des sensations aux-

_______________

(1) Voyez le Chapitre précédent.

quelles elle s'est associées, le jugement dont cette sensation est l'objet détermine les jugemens de croyance et de supposition qui sont portés sur ces idées.

La correspondance de ces deux phénomènes les ont fait confondre à quelques philosophes, et ils ont donné le nom général d'*association d'idées*, aux liaisons des idées, et aux liaisons des jugemens dont ces idées sont l'objet (1).

Rien n'est si fréquent que le phénomène dont je parle ici. Lorsqu'un chien tremble, se couche, ou s'enfuit à l'aspect du bâton dont il a été déjà frappé, c'est que pendant que la vue du bâton réveille dans son esprit l'idée des coups qu'il a reçus, et de la souffrance qu'ils lui ont causée, il se joint au réveil de ces idées un jugement par lequel il suppose que ce bâton va le frapper encore, et en le frappant lui faire éprouver la même souffrance. Si l'enfant se réjouit, en voyant sortir une bonbonnière de la poche de quelqu'un de ceux qui l'entourent, c'est que cette bonbonnière

______

(1) Locke est de ce nombre. Voyez son chapitre sur l'association des idées.

réveille en lui l'idée des bonbons qu'elle renferme, et de la saveur agréable qu'il leur a trouvés, et qu'en même-tems, au jugement par lequel il l'apperçoit, se joignent deux jugemens, l'un sur l'intention qu'on a de lui donner ces bonbons, et l'autre sur le plaisir qu'il goûtera à les manger. C'est par des jugemens de cette espèce, liés entr'eux comme nos idées, que chaque jour, à chaque instant, nous portons un fruit, un aliment à la bouche, sur les simples formes, ou d'après l'odeur qu'il nous présente, que nous nous appuyons quand nous nous sentons chanceler, que nous exécutons les actions les plus mécaniques de la vie, telle que celle de marcher, par exemple.

On ne peut expliquer ces phénomènes, qu'en admettant qu'il y a une habitude pour nos jugemens, comme il y en a une pour nos idées, comme il y en a une pour nos actions ; et que cette habitude devient une loi de notre esprit, comme elle en est une pour notre corps. Lorsque deux, ou plusieurs sensations nous ont affecté de concert, notre esprit s'est, en quelque sorte, accoutumé à les appercevoir toutes ensemble, et à les envelopper, si je puis dire ainsi, dans l'acte d'un même jugement. Une fréquente répétition aura encore plus fortement uni toutes les parties dont ce jugement se compose; elle l'aura rendu presqu'indivisible. Si donc une de ces sensations vient de nouveau nous affecter toute seule, pendant qu'elle évoque l'idée de ses compagnes, le jugement qu'elle nous fait répéter entraîne à sa suite tous les autres jugemens qui s'étoient confondus avec lui dans un jugement commun. L'esprit, esclave de ses habitudes, ne sait plus séparer des actes qu'il avoit coutume d'unir; il se retrouve, à l'occasion de simples images, replacé dans une disposition semblable à celle où l'avoient mis les sensations. Il ne voit plus, mais il croit encore. Semblable en cela à un amateur qui, en entendant répéter le commencement d'un air qui lui est familier, l'achève tout seul, en fredonnant par un mouvement involontaire.

Ces jugemens porteront donc le nom de *jugemens d'habitude.*

Les jugemens d'habitude diffèrent sous un rapport très-important des illusions produites, pendant le sommeil et la veille, par la ressemblance des sensations et des images. Celles-ci nous portoient à supposer présens, des objets qui se trouvoient en effet, ou chimériques, ou du moins éloignés de nous. Les jugemens d'habitudes nous portent seulement à supposer éloignées de nous, des choses qui ne nous ont point immédiatement affectés. La raison de cette différence est simple. Les idées qui forment l'objet des jugemens d'habitude se distingue trop aisément de la sensation, pour que nous puissions les prendre pour la sensation même. En supposant un fait, nous sommes donc alors forcés malgré nous de juger qu'il ne nous est pas présent, c'est-à-dire que nous sommes forcés de le transporter hors de l'enceinte où nos sens peuvent actuellement atteindre.

Or, voici comment nous assignerons quelquefois à ces faits supposés hors de la portée de nos sens, un tems dans l'avenir ou le passé, et un lieu à une certaine distance et dans une certaine direction.

Nos idées se lient ( chapitre précédent ) selon leur ordre de succession. Elles se retracent à nous dans le même ordre selon lequel elles se sont liées. De même aussi les jugemens qui ont pour objet des sensations successives, nous font connoître leur succession en même-tems que leur nature. L'habitude, en nous les faisant répéter, les reproduit tels que nous les formâmes; ainsi cette série d'idées qui apparoissent dans notre esprit, forme comme le tableau d'une série de faits que nous jugeons liés entre eux et à la suite les uns des autres; c'est-à-dire, que nous croirons que les faits doivent se succéder toujours dans le même ordre où nous les avions observés d'abord.

Si donc un des faits qui composent pour nous cette chaîne venoit à se réaliser de nouveau et à nous affecter de sa présence, notre esprit se hâteroit à l'instant même de supposer avant ou après lui les faits qu'il lui a associés, selon le rapport de leur succession ; avant, s'ils l'avoient précédé, après, s'ils l'avoient suivi. Ils rapportera les uns au passé, les autres dans l'avenir, et il reculera plus ou moins ce passé, cet avenir, selon qu'il placera un plus grand nombre de faits entre eux et la sensation actuelle qui constitue l'instant présent.

C'est à un mécanisme à-peu-près semblable que seront dus nos jugemens sur les distances. Nous mesurons réellement une distance, par la succession de nos manières-d'être. Un mouvement réglé sur une surface continue, nous apprend à mesurer sa longueur. La comparaison de plusieurs mouvemens de cette espèce, nous fait distinguer les directions. Dès-lors, si après avoir mesuré une distance, nous remarquons une révolution corespondante dans un autre ordre de sensation, telle, par exemple, que l'affoiblissement des sons, ou le rétrécissement des formes, nous lierons ensemble ces divers systêmes d'idées ; ces liaisons fonderont autant de jugemens d'habitude, et d'après le caractère de la sensation que nous éprouvons, nous fixerons le lieu qu'occupe un objet, de même que par la sensation toute seule nous sommes déterminés à supposer son existence.

Je me borne à développer ici ces deux grandes applications des jugemens d'habitudes. Il en est une autre que je remarquerai en passant, c'est que ce sont les jugemens d'habitude qui nous font rapporter nos manières-d'être aux objets extérieurs, et enrichir ainsi toute la nature des dépouilles de notre être.

Ici les produits de l'imagination acquièrent, encore pour nous, à un nouveau titre, la propriété d'images ; car, comme nos sensations ne sont plus à nous, mais aux objets extérieurs, et qu'elles semblent en constituer l'essence, nos idées deviennent donc pour nous comme une peinture de ce qui est hors de nous, et notre entendement, comme cette surface polie qui répète les figures des objets dont elle est entourée.

L'analogie, de même qu'elle fonde une espèce particulière de liaisons entre nos idées, décide aussi un enchaînement semblable entre nos jugemens.

Il n'est pas nécessaire, pour que les séries de jugemens se renouvellent et s'appliquent, qu'on se retrouve précisément dans les mêmes circonstances où ces séries se formèrent. Il suffit qu'on se retrouve dans des circonstances analogues, et l'on aura même besoin d'une analogie moins sensible à proportion qu'on remarquera moins ce qui constitue la différence de la situation où l'on se trouve et de celle où on avoit été placé , et que l'attention s'arrêtera davantage sur ce qu'elles peuvent avoir de commun.

J'appellerai ces jugemens, *jugemens d'analogie*. On peut en remarquer de nombreux exemples chez les enfans et chez les animaux. Lorsqu'un enfant porte à la bouche un fruit verd, ce n'est plus seulement l'habitude, c'est encore l'analogie, c'est-à-dire, la ressemblance de ce fruit verd à un fruit mûr, qui détermine son jugement. Si, dans toutes les circonstances nouvelles où l'animal peut se trouver à chaque instant, il se borne à employer les moyens dont il a déjà fait usage, c'est parcequ'il ne juge ces nouvelles circonstances que dans leur analogie à celles où il a été placé jusqu'alors, et danslesquelles ces moyens ont réussi. Au moyen de l'analogie il retrouve toujours le passé dans le présent, et n'a besoin à chaque fois, pour agir, que d'appliquer les leçons de l'expérience.

Les jugemens d'analogie dont je viens de faire l'histoire, ne composent point précisément une nouvelle classe de phénomènes. Ils se forment de la combinaison des deux espèces de phénomènes que j'ai

décrit précédemment, et il ne faut point recourir à d'autres causes pour les expliquer.

En effet, de même que la ressemblance
de la sensation et de l'image nous avoient
fait appliquer à celle-ci les jugemens portés
sur celle-là (page 54), l'analogie qui subsiste entre deux idées, nous fait étendre
aussi de l'une à l'autre les jugemens dont
elles sont l'objet. Elles se remplacent, elles
se suppléent l'une et l'autre dans notre esprit, elles se prêtent les effets qui leur
sont propres.

Or, du moment ou une idée a été ainsi
appelée par l'analogie, à venir occuper
dans nos jugemens la place qu'y occupoit
une autre idée, elle y introduit avec elle
toutes les habitudes qui lui appartiennent,
elle détermine toutes les séries de jugemens qui lui sont liées, et c'est ainsi qu'en
semblant ne changer qu'un anneau de la
chaîne, elle altère en effet le système entier de nos jugemens, et forme entre eux
des associations toutes nouvelles.

D'après les observations que je viens de
faire, on remarque une correspondance
très frappante entre le système de nos juge-

( 93 )

mens mécaniques (1) et celui de nos idées. En effet, nos jugemens s'associent dans le même ordre selon lequel se lient nos idées, et par l'effet des mêmes causes. Les mêmes circonstances qui occasionnent le réveil de nos idées, déterminent aussi l'application de nos jugemens mécaniques. La seule différence qui existe entre ces deux systêmes, c'est que, quoique à toute association de jugemens réponde nécessairement une liaison d'idées, à toute liaison d'idée ne répond pas toujours une association de jugemens, ainsi que nous le verrons tout à l'heure.

De même qu'une idée ne s'éveille point ordinairement toute seule et d'elle-même dans notre esprit, mais qu'elle a besoin du secours d'une sensation à laquelle elle soit liée, et qui vienne la tirer de l'oubli où elle étoit, de même aussi un jugement de simple supposition ne se produit point de lui-même, parce qu'il n'a aucun fondement intrinsèque ; mais il a besoin du secours d'un jugement d'évidence auquel il

_______

(1) Je dis : *Jugemens mécaniques*, pour les distinguer de ceux qui résultent du travail réfléchi de la raison et que j'expliquerai par la suite.

soit enchaîné, et qui vienne lui prêter ses effets. Ainsi les jugemens que nous portons sur les choses éloignées de nous, ne sont pour nous qu'une sorte de déductions auxquelles les jugemens d'évidence servent de principes. Ainsi nos jugemens de supposition sont précisément aux jugemens d'évidence, comme nos idées sont à leurs signes.

Après avoir expliqué la formation de ces jugemens, il me reste à montrer comment ils donnent naissance à une première industrie, à quelles erreurs ils nous exposent, comment ils se rectifient, et à présenter un apperçu du systême des connoissances qu'on pourroit supposer à un individu privé du langage.

Lorsqu'il n'existe point encore d'autres jugemens que ceux d'évidence, on ne sauroit concevoir l'individu autrement qu'immobile, à l'exception des mouvemens que la nature lui fait exécuter sans qu'il y participe. Puisqu'il n'imagine rien, il n'existe point encore pour lui de motifs pour changer son état, il ne connoît aucun moyen de le faire. Mais qu'on suppose dans son esprit une chaîne de jugemens formés par l'habitude, dont une extrêmité se termine au sentiment d'un besoin, et l'autre au moyen qui peut le satisfaire, à un mouvement quelconque qu'il ne tient qu'à lui d'exécuter ; il agira à l'instant même, et voilà la naissance de l'industrie.

Les premiers modèles des moyens qu'emploiera son industrie, seront donc fournis par les habitudes, c'est-à-dire, puisés dans l'expérience, et son art consistera à refaire avec dessein ce qu'il aura trouvé lui être utile.

L'analogie enrichira bientôt ce premier fonds, ou pour mieux dire, elle seule pourra lui donner une véritable valeur. En effet, il est très-rare qu'on puisse se retrouver absolument dans les mêmes circonstances données où l'on s'est déjà trouvé une fois ; et quelque nombreux que fussent les jugemens d'habitude dont ils se trouveroit pourvu, l'individu manqueroit souvent de moyens pour les appliquer. L'analogie lui apprendra à adapter ses habitudes à une foule de situations nouvelles. Il nous paroîtra inventeur alors qu'il n'est que copiste ; sa méprise fera son bonheur, et son industrie acquerra en activité ce qu'elle perdra en certitude.

On voit que jusqu'ici la nature seule a fait tous les frais de l'industrie qui semble appartenir à cet individu. C'est elle qui a disposé au dehors les circonstances d'après lesquelles se forment et se retracent les diverses liaisons ; c'est elle qui a soumis notre esprit aux doubles lois des analogies et des habitudes. Jusqu'à ce qu'elle ait donné à l'homme la raison qui doit le conduire , elle se charge elle-même de le diriger , et nous allons admirer avec quelle sagesse elle sait le faire.

Sans doute les jugemens fondés sur l'habitude et l'analogie (1) ne portent rien en eux-mêmes qui les rendent légitimes , et qui puisse fonder leur certitude. C'est une aveugle impulsion , et non un procédé méthodique et réfléchi ; et si aucune cir-

_______________

(1) On conçoit que je ne parle point encore ici des jugemens d'analogie fondés sur un calcul de probabilités , mais seulement de ces jugemens mécaniques d'analogie qui sont l'effet d'une méprise de l'esprit et que j'ai expliqués tout-à-l'heure.

constance extérieure ne venoit leur prêter l'utilité qu'ils n'ont pas de leur essence, ils nous livreroient à toutes les chances du hasard.

Mais la nature, dans l'ordonnance des phénomènes extérieurs qui nous entourent, a aussi ses habitudes, se dirige aussi par des rapports d'analogie. Il est des lois constantes qui reproduisent toujours certains faits, ou d'une manière simultanée, ou dans un même ordre de succession. Ainsi la couleur jaunâtre des fruits accompagne toujours leur maturité. Ainsi la révolution des saisons, celle des jours et des nuits se reproduit d'une manière invariable. Il existe de même un constant et réciproque rapport entre l'analogie des causes et l'analogie des effets; en sorte que tout se trouve dans l'univers réglé par des lois semblables à celles qui président à notre intelligence.

Ainsi, nos jugemens mécaniques nous conduiront à la vérité ou à l'erreur, selon que leur enchaînement se trouvera être ou n'être pas conforme à l'enchaînement réel qui existe entre les choses, je veux dire, selon que les habitudes de notre esprit répondront bien ou mal aux habitudes de la nature, et que les analogies qui nous déterminent sont bien aussi celles qui la dirigent.

Il semble au premier coup d'œil que les erreurs devront être très-nombreuses ; car parmi les faits qui se présentent à nous successivement, ou d'une manière simultanée, il en est très-peu qui soient en effet unis dans les lois de la nature ; et de même aussi, parmi les divers rapports de ressemblance qui se trouvent entre les objets, il en est fort peu qui entraînent la communauté des propriétés qui leur appartiennent. Cependant, comme d'ordinaire les habitudes ne se forment que d'après une constante répétition, et que les faits que le hasard seul avoit réunis, ne se réproduisent guère ensemble, comme aussi les analogies qui déterminent la méprise de l'esprit, doivent toujours être assez frappantes et approcher de l'identité, il y a une assez forte probabilité que l'esprit atteindra à-peu-près juste, quoiqu'il marche à l'aveugle, qu'il négligera la plus grande partie des réunions fortuites et des analogies infécondes, pour ne s'attacher qu'à celles qui auront une assez heureuse présomption en leur faveur.

D'ailleurs, les jugemens que l'individu aura formés seront chaque jour portés au tribunal de l'expérience. A cette époque, il ne se livre point encore comme nous à des méditations abstraites ; la curiosité ne le porte point comme nous, à chercher des vérités qui sortent de la sphère de ses sensations journalières ; toutes les recherches de son esprit se rapportent aux besoins de ses sens, et se bornent à lui suggérer les moyens d'y satisfaire. Ils ne sont pas plutôt imaginés, qu'ils sont essayés. S'il s'est trompé en effet, l'erreur est démentie au moment où elle vient d'être commise, et cet avertissement l'en préserve pour une autrefois. La nature qui avoit formé le mécanisme de ses jugemens se charge aussi de les rectifier, et elle les rectifie comme elle les détermine, par le moyen le plus simple, l'expérience.

Si donc ses jugemens sont bien plus hasardés que les nôtres, ses erreurs sont bien moins durables. Il n'est pas si savant que nous ; mais nous serions heureux si notre science pouvoit être mise aux mêmes épreuves que la sienne ( 1 ).

On ne sauroit douter qu'au commencement, toutes les idées que les circonstances lui font associer ne deviennent la matière d'autant de jugemens mécaniques ; car on ne voit pas la raison pour laquelle l'habitude et l'analogie lui feroient plutôt porter certains jugemens que d'autres. L'observation d'ailleurs nous apprend, que si certains faits se reproduisent assez souvent aux yeux des enfans et des animaux, ou obtiennent d'eux une attention suffisante, pour que leurs images se lient entre elles, ils ne manqueront jamais d'enchaîner aussi ces faits dans leurs jugemens, et que le premier réveil de l'idée sera toujours accompagné d'une supposition relative à son objet. Mais lorsqu'ils ont eu occasion de reconnoître leur erreur, l'habitude du jugement s'anéantit, la liaison des idées

---

(1) Je remarquerai en passant que toutes les habitudes vicieuses ne céderont pas à une première épreuve. Plus elles seront fortes, plus les leçons de l'expérience devront se répéter pour les détruire. Souvent même il sera au-dessus de son pouvoir d'y réussir.

demeure ; le cercle des connoissances se réduit , pendant que celui des idées reste le même. L'individu commence donc d'abord à embrasser plus que la vérité , pour se restreindre ensuite à la vérité seule , suivant en cela une marche directement opposée à celle du philosophe qui commence par douter de tout, pour apprendre à connoître quelque chose.

Pendant que l'imagination étend ainsi le cercle de nos connoissances, elle n'étend pas moins celui de nos besoins. A ces besoins immédiats , produits par la douleur ou le plaisir, attachés aux sensations présentes , vont se joindre des besoins relatifs, produits par la liaison que nos jugemens nous découvriront entre nos plaisirs et nos peines , et les moyens qui servent à obtenir les uns , à écarter les autres. Ces besoins relatifs ne seront que l'extension de nos besoins immédiats, comme nos jugemens de supposition ne sont que l'extension de nos jugemens d'évidence.

Ainsi , le système de nos besoins se trouvera correspondre à celui de nos jugemens, comme celui de nos jugemens se trouvoit correspondre au système formé par la liaison de nos idées, et les sensations seront à-la-fois les signes de nos idées, les principes de nos jugemens, et les sources de tous nos besoins.

Or, nos besoins, en se multipliant, fournissent de nouveaux motifs à l'activité de notre attention. En déterminant de nouvelles remarques, ils occasionnent de nouvelles liaisons d'idées, ils préparent de nouveaux jugemens. Ainsi, la volonté rend à l'entendement ce qu'elle avoit reçu de lui, et par cet échange continu de motifs et de lumières, ils concourent à reculer en commun les limites de notre existence.

Aussi long-tems que l'individu trouvera autour de lui des circonstances nouvelles, et en lui-même des motifs pour les remarquer, il acquerra de nouvelles connoissances, et s'élevera à un plus haut degré de développement. Mais la vie de l'homme solitaire et sauvage cesseroit bientôt de lui offrir des scènes propres à étendre son instruction, et à accroître son activité. Lorsqu'une fois il auroit visité les alentours de sa retraite, comme les arbres ou les plantes qui lui présenteroient une salutaire nourriture, étudié quelques moyens de se procurer du gibier, et d'échapper aux bêtes féroces, il lui resteroit bien peu de chose à remarquer et à apprendre, et il n'auroit presque plus besoin que de suivre servilement les routines qu'il se seroit faites dès le principe, et de répéter chaque jour, à-peu-près, ce qu'il fit la veille.

Les circonstances ne seront point les seules causes qui détermineront le systême des connoissances que devra acquérir un individu. La nature de son organisation concourra avec elles, suivant le degré de force qu'elle donnera à ses divers besoins, suivant la plus ou moins grande disposition qu'elle lui donnera pour contracter et pour conserver des habitudes. Il en est, à cet égard, de nos jugemens comme de nos idées. Ainsi, en prenant l'homme avant l'institution du langage, nous serions en état de résoudre les problêmes suivans : *Etant donnés, la nature de l'organisation d'un individu ; et les circonstances où il a passé ; déterminer les idées qu'il s'est formées, les connoissances qu'il a acquises, les besoins qu'il s'est créé, l'industrie qu'il emploie pour y satisfaire.*

Ici se termine cette première partie de

l'histoire de l'esprit humain , qui le suit depuis ses premières opérations , jusqu'à l'institution du langage. Si notre amour-propre est humilié de reconnoître en quel misérable état nous serions réduits sans le secours des signes institués , ce doit être, sous un autre rapport , un bien grand motif d'encouragement pour nous que de découvrir d'avance combien nous avons su ajouter aux bienfaits de la nature. Le voyageur qui s'apperçoit de la longue carrière qu'il a fourni en peu de tems , sent naître en lui un nouveau courage pour la poursuivre.

# CHAPITRE CINQUIÈME.

*Premières communications entre les hommes. Institution du langage , et ses diverses espèces.*

DÉJA nous avons vu l'homme subir, en recevant la faculté d'imagination, une première métamorphose, acquérir des idées, des signes, des desirs, une industrie, étendre au loin ses jugemens, et semblable à la crysalide qui rompt les barrières de son étroite prison, prendre des ailes, et s'élancer hardiment dans l'espace. Nous allons assister à une seconde, et non moins étonnante transformation. Ce n'est plus par l'addition d'une nouvelle faculté, c'est seulement par le concours d'une nouvelle circonstance que cette transformation va s'opérer ; cette circonstance, est la présence des autres hommes.

C'est toujours par les moyens les plus simples que la nature produit ses plus admirables effets. Nous avons remarqué que l'analogie des sensations et des images

étoit le seul principe des secours que l'imagination nous fournit ; nous allons reconnoître que c'est à la similitude de leurs
opérations intellectuelles que les hommes
doivent les rapports de société qui s'établissent entr'eux ; ensorte que c'est dans
l'harmonie même de ses lois, que la nature trouve constamment le secret de leur
fécondité, et que sa plus haute sagesse consiste à s'imiter elle-même.

O homme ! rends graces à ton semblable,
rends graces à la société ; sans elle, tu
ne seroit rien au moral comme au physique.
Le concert des forces fait ta sûreté, la division du travail, ta richesse, l'union des
sexes te donna l'être ; apprends que la correspondance des idées a créée ta raison. Ce
n'est pas la philosophie, c'est la brutalité,
qui a fixé son séjour au sein de l'absolue
solitude. La pensée est comme l'étincelle
électrique, qui ne naît que du choc des
corps.

Je détaillerai avec ordre et lenteur les
diverses influences que le langage exerce
sur les progrès de notre esprit, car elles
sont très-variées, et la plûpart fort peu connues. Mais avant d'expliquer l'influence

du langage, ne faut-il pas dire d'abord comment il prend naissance ?

S'est-on jamais proposé bien sérieusement ces divers problêmes : comment notre pensée peut-elle être devinée, comprise par un autre homme ? Comment peut-on chercher à se faire comprendre de lui, et en trouver les moyens ? S'est-on même bien demandé ce que c'est que comprendre, et juger qu'on est compris ? C'est encore une opinion fort commune aujourd'hui que le langage n'a pu être institué. Il y a peu d'années que le philosophe de Genève croyoit le démontrer sans replique. « Le langage, disoit-il, ne sauroit être institué que par une convention ; et cette convention comment la concevoir sans le langage lui - même ? » Court-de-Gebelin qui avoit si ingénieusement expliqué la formation des langues et l'histoire de tous les signes, s'arrête tout-à-coup à ce premier fait, à ce passage du silence absolu aux premières communications, il lui paroît enveloppé d'un nuage mystérieux et impénétrable ; il suppose que c'est en l'homme une faculté particulière, innée, qu'on chercheroit envain à expliquer. Condillac, je

le sais, a fait plus. Il a dit : » L'homme ap-
» prend à parler, comme il apprend à agir ».
Mais écoutons comment il l'explique !
» Deux hommes, dit-il, répétent en présence
l'un de l'autre, les mêmes actions; ils se sont
compris, c'est leur premier langage. Bientôt ils sont conduits à un langage d'analogie ; c'est le second, et ils se hâtent
de traduire le premier en celui - ci ».
Cet apperçu est profond, il est juste ; mais
est-il suffisant ? Nous explique-t-il comment il se fait que ces deux hommes se
comprennent? Nous dévoile-t-il comment
le besoin de se faire comprendre devient
un art, et nous apprend-t-il quelles fonctions remplissent dans cet art les diverses
facultés de l'individu ?

Pour le faire saisir, je suppose transportés l'un auprès de l'autre, deux individus
privés jusqu'à cette heure de tout commerce,
même avec les animaux, réduits par
conséquent au cercle étroit des opérations
que je viens de décrire, et je vais observer
ce qui doit se passer entre eux.

Le premier effet que produira leur rencontre sera celui d'une mutuelle suprise.
La nouveauté toute seule du spectacle suf-

firoit pour la faire naître ; mais quoi de plus curieux d'ailleurs pour chacun d'entre eux, qu'un être qui lui ressemble en toutes choses, qui présente les mêmes formes, possède les mêmes organes, en fait un semblable usage, et qui cependant n'est point lui-même ? Et pour peu que leur rencontre se prolonge, que de nouveaux motifs de s'observer dans le rapportqui s'établit entre leurs besoins ? ils peuvent se disputer les mêmes alimens, la même couche; ils peuvent profiter de leur industrie réciproque, ou en souffrir. En guerre ou en paix, l'un ne sauroit presque rien faire qui puisse être indifférent à l'autre.

En retrouvant des formes extérieures si fort analogues aux siennes, en appercevant, pour ainsi dire, son propre portrait, chacun d'eux doit, en vertu de la liaison des idées ( chap. 3 ), imaginer son propre *moi* et toutes les idées dont il se compose. Cette idée du *moi* s'est associée aussi dans ses jugemens d'habitude, aux formes, aux habitudes extérieures, et la présence de celles-ci doit lui faire supposer celle-là (chap. 4). Mais où placer ce *moi* ainsi imaginé, ainsi supposé ? Il sent bien que ces formes qu'il apperçoit ne sont point à lui, quoiqu'elles ressemblent aux siennes ; il sent bien que ce n'est pas son *moi* qui les anime. Que fait-il donc ? il transporte hors de lui par la pensée, l'idée de ce *moi* qu'il imagine ; il l'établit au sein de ces formes qui frappent ses regards, mais au travers desquelles son sentiment immédiat ne peut pénétrer ( chap. 4 ). Il prête donc son *moi* à son semblable ; il l'anime de la vie qui respire en lui-même ; il a conçu l'existence d'un autre homme.

Voici une première découverte, elle va le conduire à d'autres.

Ces deux individus, semblables dans leurs formes, sont aussi soumis à l'action des mêmes besoins. On doit supposer que ces besoins les porteront souvent aux mêmes actions, car ils sont doués des mêmes facultés, ils ont pu se trouver dans les mêmes circonstances ; ils auront donc formé des associations d'idées analogues. Ainsi la vue d'un fruit et le sentiment de la faim les pousseroient tous deux à porter la main sur ce fruit et à s'en nourrir.

Mais que l'un d'eux vienne à être témoin des mouvemens de son semblable, lorsqu'il répète une action qu'il a coutume de faire lui-même, qu'il l'observe dans cet instant; voici le réveil d'une nouvelle chaîne d'idées, voici l'occasion de nouveaux jugemens. De même que la ressemblance des formes avoit rappelé l'idée du *moi*, la similitude des actions lui rappelle l'idée des besoins qui les lui avoient inspirés, de *l'état* où il se trouvoit en les exécutant. De même que la vue de formes semblables aux siennes, lui avoit fait supposer un *moi* qui les animât. La vue de ses actions lui fait supposer un besoin qui les détermine, des sensations qui les accompagnent, et comme il avoit prêté son être à son semblable, il lui attribue aussi ses propres modifications; en lui voyant détacher le fruit et le dévorer, il juge qu'il a faim.

Nouvelle découverte, il a compris son semblable, il a deviné sa pensée.

Ainsi cet acte de l'esprit, qui consiste à comprendre un autre homme, se compose donc de deux réveils d'idées, de deux jugemens qui y correspondent. Le réveil de l'idée du *moi*, le réveil de l'idée d'une manière-d'être, la supposition d'un *moi* dans un autre homme, l'attribution de cette manière-d'être à cet autre *moi*. Ces réveils d'idées, ces jugemens sont déterminés par deux ordres de sensations présentes.

Déjà nous appercevons l'effet du langage, quoiqu'il n'y ait point encore de langage véritable ; car on ne parle que quand on cherche à se faire entendre, et si l'un des deux individus a pénétré la pensée de l'autre, c'est sans que celui-ci cherchât à la lui faire connoître.

Si donc on supposoit que tous deux eussent eu l'occasion de faire l'un sur l'autre les mêmes observations, de porter à ce sujet les mêmes jugemens , ils se comprendroient réciproquement, sans cependant se rien dire. Ils ne converseroient pas , ils se devineroient. La nature seule fourniroit à chacun les données nécessaires à cette mutuelle intelligence. C'est elle proprement qui parleroit à tous deux , qui serviroit à tous deux d'interprète, à leur insçu. Les liaisons d'idées , ou les signes , et les jugemens d'habitudes, seroit les moyens qu'elle employeroit pour se faire entendre.

On voit qu'il n'est point nécessaire d'une première convention , pour établir une première intelligence entre les hommes.

Mais une troisième découverte se prépare, et alors le langage va naître. Ces deux individus vont remarquer qu'ils se sont compris, et alors ils chercheront à se faire comprendre. Ils parleront. Il n'est besoin pour cela, que d'une nouvelle liaison d'idées, et d'un nouveau jugement d'habitude.

En effet, lorsque l'un des deux individus a compris la pensée de l'autre, il a dû agir autrement que s'il l'avoit ignoré. Cette découverte a modifié sa conduite, lui a inspiré des précautions, ou donné une nouvelle industrie. Je suppose, par exemple, qu'il ait vu son compagnon prendre la fuite, et qu'il ait compris qu'il étoit effrayé, par la présence de quelque bête féroce, il aura pris bien vîte la fuite comme lui, et se sera mis en sûreté.

Mais comme tous deux ont eu occasion de se comprendre réciproquement, qu'ils ont dû se surprendre quelquefois dans de semblables pensées, ils ont dû quelquefois aussi être portés, par cette découverte, à des actions analogues. Ainsi, le même sauvage qui avoit donné la première fois l'exemple de la fuite, voyant quelques jours après son compagnon se lever brusquement et fuir le premier à son tour, se hâtera de le suivre, en raisonnant comme lui.

Or, comme la vue d'une action semblable à la sienne, doit rappeller au sauvage le motif qui la lui a dictée, comme en la voyant répéter à son compagnon, il doit lui supposer le motif qu'il avoit eu lui-même, si l'un des deux voit faire à l'autre les mêmes choses qu'il commença de faire, quand il eût deviné sa pensée, il supposera qu'il a été également deviné par lui. « Lors- » que j'ai imité sa fuite, dira-t-il en lui même, » c'est que j'avois compris sa peur ; puis- » qu'il me fuit à son tour, il comprend donc » aussi ma crainte, il lit dans ma pensée, » comme je lis dans la sienne ».

Dès qu'un homme a découvert qu'en certaines rencontres il peut être compris par son semblable, il éprouve bientôt le besoin de se faire comprendre plus souvent ; et ce besoin est d'autant plus pressant pour lui, qu'il se sent plus foible ; car il peut se procurer par-là une aide dans ses travaux, un soulagement dans ses douleurs, un soutien dans les dangers qui l'environnent.

C'est ici que se termine l'éducation de la nature, et qu'elle cesse de faire les frais de nos communications mutuelles. Ayant appris à l'homme qu'il peut se faire entendre, lui en ayant inspiré le besoin, elle l'abandonne à lui-même pour étendre ce commerce imparfait qu'elle avoit établi entre lui et son semblable. Elle lui a montré la voie, elle l'y a lancé, il n'a plus qu'à la suivre.

Le premier, le plus simple moyen qui s'offre à lui, est celui de répéter avec réflexion, ce qu'il fit d'abord sans en prévoir les suites, je veux dire, de reproduire ces actions par lesquelles il a eu le bonheur de se faire comprendre. Ainsi se formera un premier langage que j'appellerai *le langage de la nature*, parce qu'il ne se compose que des signes dont la nature avoit déjà sans nous revêtu nos pensées secrètes, pour les rendre sensibles aux autres.

L'usage qu'il en fera, ne se bornera pas seulement à faire connoître à son compagnon les besoins, les sensations qu'il éprouve, au moment même où il parle. Souvent il voudra l'instruire des faits passés, lui annoncer ceux qu'il prévoit ; souvent il voudra l'interroger sur ce qu'il sait, sur ce qu'il pense. Que de choses n'auront pas à se dire deux êtres qui ont si fort besoin l'un de l'autre, et que tout invite à associer leurs connoissances, comme à unir leurs forces !

Mais le langage de la nature se refusera bientôt à leur prêter les moyens d'une correspondance si étendue, et chaque jour ils en sentiront mieux l'insuffisance. En effet, il existera pour eux une foule de situations nouvelles, pour lesquelles ils n'auront point encore de signes. Souvent, quoiqu'ils aient un signe, ils ne pourront le reproduire. D'ailleurs, ce langage sera plein d'équivoques, soit parce que le même signe sera commun à un grand nombre d'idées, soit parce que le même signe ne représentera pas toujours la même idée pour tous les deux ; car ils ne se seront pas trouvés constamment dans les mêmes circonstances, avec les mêmes besoins ; ils n'auront donc pas liés toutes leurs idées dans le même ordre ; ils n'auront point en entier le même système de signes. Si nous supposons qu'au lieu de deux, ils soient plusieurs, le signe sera encore plus incertain, parce que les circonstances auront été plus variées, les liaisons d'idées plus dissemblables.

Alors se fera sentir le besoin de suppléer à ce premier langage, par un second qui soit à la fois plus facile, plus fécond et plus sûr. Et voici comment ils en trouveront les moyens.

Il est deux sortes de choses dont ils peuvent avoir besoin de s'entretenir. Les unes leur sont présentes et affectent, ou peuvent du moins affecter, au moment même, les sens de chacun d'eux ; les autres sont éloignées, ou du moins invisibles, et n'existent au moment que dans l'esprit de celui qui parle.

D'abord, quant aux objets qui sont, ou peuvent être actuellement soumis aux sens, il ne sera question pour celui qui veut parler que d'exciter l'attention de son compagnon, et de la diriger sur l'objet qu'il veut lui montrer. Il avertira donc son camarade par un cri où un mouvement, et lorsqu'il se verra fixé par lui, il fixera à son tour la chose qu'il cherche à lui indiquer. Peut-être il s'aidera d'une baguette ou du doigt pour mieux lui enseigner la direction que prend son regard. L'autre ne manquera point de l'imiter, et sa curiosité le portera à observer ce qui occupe ainsi son voisin. Ces gestes, ce cri, ce doigt, cette baguette, forment une première espèce de signes institués, qu'on peut appeler *indicateurs*.

A l'égard des choses qui ne peuvent être montrées, elles se divisent encore en deux classes. Les unes sont des objets sensibles, mais absens, des faits matériels passés, ou à venir ; les autres sont des situations intérieures, qui actuelles ou non, ne peuvent jamais être soumises aux sens, je veux dire, les diverses opérations de l'esprit, et les divers actes de la volonté.

Je suppose d'abord qu'un des deux individus veuille parler à l'autre d'un objet quelconque sensible, mais placé pour le moment hors de la portée de leurs regards, d'un animal, par exemple, qu'il aura vu dans la forêt voisine. Il regrette qu'il ne soit pas-là pour le lui montrer. Il voudroit un instant l'y transporter afin de lui en donner une juste idée. L'idée lui vient de le remplacer du moins de son mieux et de jouer lui-même son rôle. Le voilà qui se met à imiter son attitude, ses mouvemens, ses cris. C'est une scène de comédie dont il est lui-même l'acteur. Si son compagnon a vu quelquefois cet animal, il se le rappellera en vertu de la liaison des idées. S'il ne le connoît pas, il s'en formera une image grossière. De même qu'il lui décrit l'objet, il lui décrit aussi l'action qui s'y rapporte. Il peindra par un semblable procédé, quoique d'une manière moins parfaite, les êtres animés et leurs divers mouvemens. C'est une seconde espèce de signes institués que j'appelerai *imitatifs*.

On voit que l'efficace de ces signes est fondé sur deux conditions. L'une qu'ils reproduisent une partie des sensations que l'objet lui-même exciteroit s'il étoit présent, et que par-là ils réveillent l'image de toutes les autres. La seconde qu'il ne soit pris lui-même que pour un jeu et non pour une réalité. Car alors l'attention se concentreroit dans le signe, au lieu de se porter à l'objet qu'il doit peindre, et, si je peux dire ainsi, le spectateur ne considéreroit sur la scène que la personne du comédien, et non le rôle qu'il remplit. Le signe imitatif est par rapport à l'objet qui lui appartient, à peu près comme l'idée à l'égard de la sensation correspondante : on ne voit en lui que le modèle auquel il se rapporte.

C'est ainsi que le verre du télescope conduit le regard et ne l'intercepte pas.

Maintenant si l'un des deux interlocuteurs veut entretenir l'autre de faits qui se passent ou se sont passés en lui-même, qui échappent aux sens et que la conscience seule apperçoit, s'il veut lui dire ses désirs ou ses regrets, ses plaisirs ou ses peines, ses jugemens ou ses doutes, comment devra-t-il s'y prendre? Il regrettera sans doute que ces secrettes modifications ne soient pas sensibles comme les autres objets qu'il a coutume de dépeindre ; il désirera pouvoir leur prêter momentanément une forme, et les transporter sous les yeux de son voisin. Mais de même qu'il avoit su jouer le rôle des êtres animés ou inanimés pour suppléer à leur absence, il remarquera que parmi les choses sensibles , plusieurs peuvent assez bien imiter ce qui se passe en lui-même. Ainsi l'œil, en regardant, se comporte à-peu-près comme l'attention de l'esprit quand elle fixe. Les mains lorsqu'elles pèsent deux corps , ressemblent assez au jugement qui balance deux partis. Les passions vives sont comme la flamme, leurs combats comme la tempête, le contentement comme un ciel

serein. Il lui sera donc possible de trans-
former ses manières-d'être en objets matériels, et en employant alors les signes
de ceux-ci, il réussira, au moyen d'une
double analogie à faire naître dans l'esprit
de son compagnon les mêmes pensées qui
l'occupent. Il suffira que par un signe in-
dicateur il avertisse qu'il n'entend point
parler des objets extérieurs qu'il rappelle,
mais bien de ce qu'il éprouve en lui-même
et dont ces objets sont la peinture. C'est
une troisième espèce de signes institués
que j'appelerai signes *figurés*.

La réunion de ces trois espèces de signes
suffit, comme on voit à l'entière traduc-
tion de la pensée. Comme c'est l'analogie
qui conduit à les instituer tous, comme
c'est elle qui leur prête leur force, je les
réunirai sous la dénomination commune
de langage d'analogie.

En classant les élémens de ce langage selon la nature des matériaux qui servent à
le former, on en distingueroit trois espèces:
les gestes, la parole et l'écriture symbolique.

La première comprend les actions et les
attitudes employées pour imiter les formes

et les mouvemens des objets extérieurs ; la seconde, les accens de la voix, qui servent à répéter les cris des animaux, ou les sons qui accompagnent le mouvement des êtres inanimés ; la troisième, la peinture qu'on fera souvent sur le sable, sur l'écorce des arbres, ou de quelqu'autre manière, soit des corps qu'on veut représenter, soit des actions qui s'y rapportent.

Les deux dernières espèces de signes ont un avantage marqué sur les autres, et qui sera d'autant mieux senti que les sociétés seront plus nombreuses et plus civilisées. L'écriture symbolique est celle qui représente plus parfaitement les objets, et qui prête le moins aux équivoques. Elle a d'ailleurs le précieux privilège de n'être point fugitive et passagère, de subsister des jours, des années, des siècles entiers, et donnent ainsi au langage d'un instant le pouvoir de se faire entendre aux âges futurs, aux générations successives: Les accens de la voix sont les signes les plus faciles et les plus prompts à répéter; seuls ils n'arrachent point celui qui les emploie à ses occupations, et donnent la faculté de pouvoir tout ensemble et parler, et agir.

Les signes dont l'efficace n'étoit d'abord fondée que sur l'analogie, deviendront bientôt, par l'usage répété qu'on en fait, *des signes d'habitude* ; ils acquerront par-là une nouvelle force pour représenter les idées, et on pourra se contenter d'une plus légère analogie.

Les sons de la voix et les articulations qui les accompagnent, peuvent, soit par eux-même, soit par leur combinaison, présenter avec les idées une foule d'analogies qui ne sont point frappantes au premier abord, mais qui seront facilement senties et avidement saisies dans les sociétés où l'on attachera beaucoup d'intérêt à pouvoir dire beaucoup, dans le moins de tems et avec le moins de peine qu'il sera possible. Le langage analogue de la parole s'étendra, s'enrichira chaque jour davantage ; on en formera un systême, et les langues prendront naissance.

On arrivera enfin à user de signes entièrement arbitraires. On y sera conduit de deux manières : d'abord, par la dégénération successive du langage, ensuite par des conventions expresses.

Je ne m'arrêterai point ici à expliquer

comment la langue primitive altérée par le tems, par le mélange des peuples, et par diverses autres causes, se transforma en nos langues modernes, et comment cette altération suivant un cours différent, dans les différens pays, en rendit les langues si dissemblables entre elles. Cette recherche est étrangère à mon sujet. Plusieurs savans estimables, et entre autres Court-de-Gebelin que je me plais souvent à citer, ont donné d'ailleurs à cet égard des apperçus pleins de sagacité.

Quant aux conventions qui furent faites, elles se conçoivent d'elles-mêmes. On remarqua que les mots n'avoient de force que parce qu'on s'accordoit à leur donner le même sens. Lors donc qu'on eut de nouvelles idées à exprimer, on ne trouva rien de plus simple que de s'entendre pour leur choisir un nom. Cette convention, formée d'abord entre ceux qui avoient le plus ordinairement besoin de désigner cette idée, devint ensuite commune aux autres. Chaque art, chaque sience, donna ses mots à la société, et la langue générale fut comme l'assemblage de ces langues particulières.

Les signes arbitraires ne doivent leur force qu'à la double habitude de ceux qui les employent, et de ceux auxquels on les adresse.

Il n'y a dans nos langues modernes elles-mêmes, aucun mot qui à le prendre rigoureusement, soit entièrement arbitraire. Par l'art des étymologies, on pourroit les rattacher tous à la langue primitive, et les conventions elles-mêmes ont toujours été dirigées par quelques motifs. Mais cette liaison n'existe que pour un petit nombre de grammairiens très-exercés, et la plûpart des mots sont vraiment arbitraires pour la généralité de ceux qui s'en servent.

L'écriture s'est bien plus éloignée que la parole de son institution primitive. La raison en est facile à donner. Les hyéroglyphes dûrent s'altérer promptement; car pour être exacts, ils demandoient non-seulement de la peine et du tems, mais du talent même, puisqu'ils n'étoient au fond qu'un dessin. Mais dès que l'analogie n'y fut plus très-sensible, les hyérogliphes devinrent des signes très-compliqués, très-embarassans, et cessèrent d'être un langage populaire. Il falloit autant de signes différens que d'idées ; il falloit un commentaire pour chaque signe. On chercha à simplifier ; on en trouva un moyen très-aisé. On établit que les caractères de l'écriture seroient les signes de la parole, au lieu d'être directement les signes de la pensée. Comme les élémens de la parole n'étoient qu'en très-petit nombre, il ne fallut que peu de caractères ; la main put s'exercer en peu de tems à les tracer, la mémoire à les retenir. Mais en cessant d'appartenir immédiatement aux idées, les signes de l'écriture dûrent perdre aussi presque tous leurs rapports avec elles ; ils participèrent à tout ce qu'il y eut d'arbitraire dans la parole, et y joignirent l'arbitraire qui leur étoit propre.

L'institution des signes exigea de longues années ; la formation des langues demanda des siècles. Que de réflexions, que de conventions n'a-t-il pas fallu pour mettre en vigueur une langue telle, par exemple, que la langue Grecque, avec toutes ses formes et toutes ses régles ! D'ailleurs, si le langage fut le moyen principal de la civilisation des sociétés, les projets de la civilisation ne furent pas moins nécessaires au perfectionnement du langage, témoins les sauvages dont les langues sont toujours très-imparfaites ; car ils n'ont entre eux que des rapports très-bornés , et l'art de parler, comme tous les arts, ne se développe qu'en raison du besoin qui lui sert de moteur.

La manière dont chacun de nous apprend à parler dans son enfance, présente l'abrégé de l'histoire que je viens de parcourir en étudiant l'institution des signes dans les sociétés humaines. Il suit les mêmes révolutions , la nature le conduit par les mêmes procédés. Les premiers cris d'un enfant sont pour lui les signes *naturels*. Les premiers mouvemens qu'il exécute avec ses petits membres , et les gestes par lesquels on lui répond, sont pour lui les signes *analogues*. On fait sur-tout à son égard un très-grand usage des signes *indicateurs*, et c'est principalement avec leur secours qu'on lui apprend nos langues. Seulement il n'est point admis à concourir aux conventions qui fondent le langage arbitraire ; il doit se conformer aux conventions déjà faites. On ne choisit point avec lui les signes , on se borne à lui présenter ceux qui ont déjà été institués et à lui apprendre quelles sont les idées que ses ancêtres ont jugé à propos d'y attacher.

Et il ne faut point s'étonner si les mêmes révolutions qui s'opérèrent avec tant de lenteur dans le sein de la société générale, se succèdent si rapidement dans l'éducation de l'enfant, s'il repasse en peu d'années un travail qui dura des siècles. Car dès le moment de sa naissance, il se trouve entouré d'autres hommes ; il a sans cesse besoin de leur secours, et son unique occupation est de s'initier à leur langage, comme le plus grand desir de ceux-ci est de le lui communiquer. D'ailleurs il n'a pas besoin d'inventer les signes, il n'a qu'à les apprendre. Ce qui fut chez ses ancêtres un long effort de génie, n'est pour lui qu'un exercice mécanique de la mémoire.

Les sourds-muets de naissance auxquels nous ne pouvons apprendre nos langues, se trouvent réduits au langage d'action ; et comme nous ne leur transmettons point de signes arbitraires, ils restent arrêtés aux signes d'analogie. Mais ils portent aussi très-rapidement ce langage à un haut dégré de perfection, parce que pressés sans cesse du besoin de se faire entendre, ils en font presque leur unique étude.

Mais les signes institués ne servent pas toujours à transmettre à un homme les pensées d'un autre homme ; ils servent aussi souvent à rappeler à chacun ses propres pensées ; de sorte qu'il y a , si je puis dire ainsi, un second langage que l'homme se parle à lui - même. Ainsi le sauvage qui aura traversé une forêt, y plantera quelquefois des piquets qui puissent lui aider à retrouver la route qui le conduit à sa cabane ; ainsi un individu, une horde, une nation retraceront leurs exploits dans des chants qu'ils aimeront souvent à répéter , et qui leur rappelleront les circonstances où s'est déployé leur courage. Ainsi chacun peut remarquer qu'il parle tout-bas dans ses méditations solitaires, et qu'il pense avec des mots. Ainsi nous employons tous les jours l'écriture à tracer des notes qui ne sont que pour nous-mêmes. Ainsi les chiffres surtout nous servent plus souvent encore à former nos calculs en nous rappelant nos propres idées, en les fixant, qu'à en transmettre les résultats aux autres.

Il faut donc distinguer dans les signes du langage deux propriétés très-différentes, l'une par laquelle ils deviennent le moyen de communication entre les hommes, l'autre par laquelle ils ne font que soulager la mémoire d'un même homme, c'est-à-dire, l'une par laquelle ils ont la faculté d'exciter à la fois certaines idées dans l'esprit de plusieurs individus, l'autre par laquelle ils rapellent à un seul les idées qu'il avoit eues. Le premier de ces deux rapports fixe sur-tout l'attention du grammairien. Le philosophe les embrasse tous deux, mais s'attache plus particulièrement au second. Nous aurons soin dans cet écrit de les traiter à part, et nous commencerons toujours par le dernier ; car avant d'aspirer à se faire comprendre des autres, il faut sans doute savoir déjà s'entendre avec soi-même.

Ici commence à s'expliquer une vérité que j'avois déjà annoncée plusieurs fois ; je veux dire, l'influence du langage sur le développement de la faculté de réflexion. J'ai appelé *réflexion*, l'attention dirigée sur les opérations de notre esprit, et les actes de notre volonté. Cette attention jusqu'ici étoit languissante ou nulle, parce qu'elle manquoit de motifs. Mais ces motifs sont trouvés du moment où un homme a compris qu'il pouvoit se faire comprendre par un autre. Alors il éprouve le besoin d'étudier sa pensée pour la traduire. Les signes analogues sur-tout le forcent à s'attacher à cette étude ; car c'est seulement en connoissant bien ses idées qu'il peut trouver les moyens de les peindre, ou qu'on peut les reconnoître dans les peintures qui nous sont offertes. Le progrès de la réflexion suivra le double rapport de la multiplication des signes et du fréquent usage qu'on aura occasion d'en faire.

Bientôt nous verrons que le langage en présentant à la réflexion des motifs qui la déterminent, lui fournit aussi des moyens qui en rendent le travail plus facile et plus simple.

Les faits que nous venons de tracer nous fournissent la matière de deux observations importantes.

La première, c'est que tous les effets du langage sont essentiellement fondés sur cette grande propriété des signes que nous avons expliquée au Chapitre troisième, et cette remarque confirme l'emploi que nous avons fait du mot *signe*. Si les hommes parviennent à s'entendre, c'est qu'une sensation liée dans leur esprit à certaines idées a le pouvoir de les y réveiller, c'est que les mêmes circonstances et les mêmes analogies déterminent à peu près les mêmes liaisons chez tous les hommes.

La seconde observation c'est qu'en jugeant ce que pensent les autres hommes, en comprenant ce qu'ils éprouvent, nous ne sortons point en effet de nous mêmes, comme on seroit tenté de le croire. C'est dans nos propres idées que nous voyons leurs idées, leurs manières - d'être, leur existence même. Le monde entier ne nous est connu que dans une sorte de chambre obscure ; et lorsqu'au sortir d'une société nombreuse nous croyons avoir lu dans les esprits et dans les cœurs, avoir observé des caractères et senti, si je puis dire ainsi, la vie d'un grand nombre d'hommes, nous ne faisons en effet que sortir d'une grande galerie dont notre imagination a fait tous les frais, dont elle a créé tous les personnages, et dessiné avec plus ou moins de vérité tous les tableaux.

L'institution du langage est expliquée : il faut examiner maintenant comment il modifie les diverses opérations de notre esprit.

Je commence par examiner comment il sert à déterminer la formation de nouvelles idées.

# CHAPITRE SIXIÈME.

*Premières opérations de l'esprit, à l'occasion du langage. Double décomposition de la pensée. Idées abstraites.*

PENDANT que l'homme, pressé du besoin de se faire entendre, se livroit à la recherche des signes les plus propres à transmettre ses idées, il se trouvoit conduit, à son insu, à de nouvelles opérations sur ces idées mêmes. La première de toutes est la décomposition de la pensée, et c'est celle que je veux expliquer dans ce chapitre.

Un peintre s'est trouvé transporté au sein d'une campagne charmante ; les plus riants aspects s'offrent à lui de toutes parts. L'idée lui vient de rétracer sur la toile le beau spectacle qui ravit ses sens. Il prend ses crayons ; il dessine les arbres et leur feuillage, les champs et leurs nuances, les ruisseaux et leur cours; il reproduit les formes de chaque objet. Son travail est fini. Que le regard qu'il jette alors sur ce qui l'entoure est différent de celui qu'il jetta au premier abord ! Il n'avoit apperçu que l'ensemble ; maintenant il voit tous les détails. Il ne songeoit qu'à peindre cette scène enchanteresse, et il a appris sans le savoir à l'étudier et à la connoître. Telle est en abrégé l'histoire de la révolution qui s'opère dans l'esprit de l'homme, quand il cherche à peindre sa pensée dans le langage.

J'appelle la *pensée* d'un homme, l'ensemble des perceptions et des idées qui occupent dans un même instant l'attention de cet homme.

Cette pensée est toujours composée.

D'abord, si notre attention se trouve dirigée ou sur des sensations actuelles, ou sur de simples images, elle en fixe ordinairement plusieurs à la fois, soit pour les unir, soit pour les comparer entre elles.

En second lieu, chaque sensation et chaque image, ou idée sensible, présente elle-même à l'esprit, ainsi que nous l'avons montré aux chapitres 1.er et 2.e, la matière de plusieurs considérations distinctes, plusieurs côtés différens, si je puis m'exprimer de la sorte.

La pensée est donc le résultat d'une

double composition. Elle pourra donc être aussi l'objet d'une double analyse. Décomposer la pensée, c'est donner une attention séparée aux divers élémens qu'elle renferme.

Il faut expliquer séparément la manière dont l'esprit est conduit à ces deux analyses ; l'intelligence de la première nous conduira à celle de la seconde.

Je vais rappeller sur la scène les deux individus qui y figuroient tout à l'heure, et en les faisant converser l'un avec l'autre, j'observerai ce qu'il se passera dans l'esprit de celui qui parle, et dans l'esprit de celui qui écoute.

1°. Le premier veut, je suppose, entretenir l'autre d'un animal qu'il a rencontré. La présence de cet animal lui a fait éprouver à la fois plusieurs sensations, et leurs images se reproduisent en cet instant à sa pensée. Il a entendu son cri, il a vu sa couleur ; il aura peut-être même touché son corps et senti ses formes. Comment transmetra-t-il à son compagnon la réunion de ces diverses images ?

L'une de ces sensations l'avoit particu-

lièrement frappé, et son image à ce moment encore attire sur-tout son attention.
Ce sera sa forme, par exemple ; il cherche
un signe capable de l'exprimer. Il l'a trouvé,
il le présente à son semblable, il croit avoir
tout dit. Car comme ces idées sont étroite-
ment unies dans son esprit, il ne doute
point qu'elles ne le soient aussi dans l'esprit
de son compagnon, et qu'il suffise de lui
en rappeler une, pour lui retracer toutes
les autres.

Cependant il est probable que son but
ne sera point atteint, et qu'il n'aura pas été
compris.

En effet, un signe d'abord, ne rappelle
souvent qu'une seule image, d'une manière
immédiate. Car c'est dans l'analogie qu'il
puise ses signes ; mais chaque sensation
ayant son caractère distinct, sa configuration propre, si je puis dire ainsi, a aussi
son analogie à part qui sert à la représenter. Ainsi le même moyen ne peut imiter
à la fois la forme, la couleur et le cri de
l'animal ; ces trois objets n'ont rien de
commun entr'eux.

De plus, il est fort possible que l'une
de ces trois images ne rappelle    poin les

deux autres à l'individu qui écoute, et ne suffise point pour lui faire concevoir l'animal auquel pense son compagnon. Car cet animal lui est peut-être inconnu ; et alors l'idée de sa forme n'est liée dans son esprit à aucune autre idée. Peut-être il a rencontré plusieurs espèces d'animaux qui ont une forme semblable ; et alors l'idée de cette forme lui rappelle à la fois tous ces animaux, sans le faire arrêter particulièrement sur aucun.

Ainsi, ce premier signe n'excitera point encore dans l'esprit de l'auditeur les idées dont se composoit la pensée du premier, ou même elle lui en donnera d'autres ; et celui-ci s'appercevra aisément à son incertitude ou à son erreur, que sa pensée n'a point été entendue de son semblable.

Il reconnoît donc que son langage a été insuffisant ; il remarque que cette forme qu'il a dépeinte est en effet commune à plusieurs animaux, ou que du moins elle n'est pas le seul trait dont se compose l'image de celui qu'il a vu. Pour mieux réussir à se faire entendre, il cherchera donc un second trait qui distingue mieux cet animal de ceux qui lui ressemblent.

Il s'efforcera, en les comparant, de découvrir ce que celui-ci a de plus singulier ; il s'étudiera à en faire une peinture plus complette ; il joindra un second signe au premier, il imitera son cri, par exemple.

Il se peut encore que ces deux signes réunis ne réussissent pas mieux que le premier, à le faire comprendre par son compagnon, par des raisons absolument semblables. Alors il se verra forcé à une troisième comparaison, à une troisième étude, et à l'émission d'un troisième signe.

Ainsi, son attention aura été conduite à s'arrêter tour-à-tour et séparément sur chacune des trois images qui l'occupoient ; et sa pensée se trouvera décomposée dans dans son esprit, comme elle l'est dans son discours.

La nécessité où il s'est trouvé de donner un signe particulier à chaque idée, l'a contraint de la remarquer toute seule, pour en saisir l'analogie, pour en tracer la peinture.

Voilà la décomposition de la pensée dans celui qui parle : la voici dans celui qui écoute.

Nous avons supposé que chaque signe

n'excitoit dans son esprit que l'image qui lui correspond. A mesure que les signes lui sont présentés, son esprit s'arrête donc tour-à-tour sur l'idée que chacun lui retrace. Il ne conçoit la pensée, que parce qu'il en a conçu les élémens. Il les saisit un à un, et c'est seulement lorsque le discours est terminé, qu'il les réunit en un seul faisceau.

Ainsi, le premier des deux interlocuteurs commence par concevoir la pensée toute entière, pour la décomposer ensuite en parlant. Le second en reçoit d'abord les diverses parties, pour l'embrasser ensuite toute entière. C'est ainsi que les rayons de la lumière divergeant d'abord à leur départ, viennent se converger de nouveau en pénétrant dans un verre convexe, et se rassemblent à leur terme, comme à leur origine, dans un semblable foyer.

Chez l'individu qui parle, la décomposition de la pensée précède le langage; elle en est l'effet chez celui qui écoute. Le premier analyse pour être entendu; le second recompose pour entendre.

J'ai supposé, pour simplifier, que la pensée qu'il étoit question de traduire ne se composoit que de trois idées sensibles;

mais ordinairement les élémens seront bien plus nombreux, et par conséquent le discours destiné à la traduire renfermera une plus longue série de signes. Cette pensée sera d'autant plus composée, que l'individu aura eu occasion de former plus d'observations sur l'objet auquel elle se rapporte.

On auroit tort cependant de croire que la décomposition de la pensée doive toujours être parfaite, et qu'on doive toujours employer autant de signes qu'elle contient elle-même d'images. Car d'abord il est des signes qui ont la faculté d'exciter à la fois plusieurs images, tels que divers signes naturels, ou de faire remarquer à la fois plusieurs sensations, tels que les signes indicateurs. Ensuite, il pourra se faire que les deux individus ayent eu occasion de lier leurs idées d'une manière semblable, et qu'il entre dans les combinaisons qu'elles forment, quelques circonstances assez particulières pour qu'elles ne soient point communes à d'autres objets. Alors, il suffira d'avoir retracé telle ou telle image, ou tel concours d'images, pour que celles qui forment le reste de la pensée se retracent par-là même toutes ensemble et sans équivoque. Ainsi, il suffit de voir la tête d'un lion en réalité, comme en peinture, pour la reconnoître de suite comme appartenant au lion seul.

Je n'ai pas besoin d'ajouter que l'individu qui cherche à se faire entendre n'employera guère que les signes qui lui sont rigoureusement nécessaires. Il croira avoir bien parlé, du moment où il aura été heureusement entendu. L'impatience ou la paresse ne lui permettront pas d'achever la décomposition de la pensée, par des signes qui deviennent inutiles à son dessein.

Ceci nous conduit à une observation très-remarquable ; c'est que quoique nous commencions toujours par connoître des individus avant de les classer en espèces, et que par conséquent ce soient d'abord des individus que nous cherchons à nommer dans nos discours, le premier signe que nous leur donnons est cependant un signe très-général ; c'est le signe de leur espèce. Car on se borne d'abord à en saisir, à en exprimer un seul trait, et l'on s'inquiète d'autant moins de le caractériser, qu'on soupçonne moins qu'il en est d'autres qui lui ressemblent. Ainsi le sauvage qui n'auroit jamais vu qu'un seul homme, le désigneroit par un rapport qui lui est commun avec toute l'espèce humaine. C'est lorsqu'on s'apperçoit ensuite de l'équivoque attachée à cette première désignation, c'est lorsqu'on remarque qu'elle convient à plusieurs individus, qu'on s'étudie à la déterminer davantage. C'est donc en obtenant des idées d'espèces, qu'on particularise son langage, et ce langage deviendra d'autant plus précis et singulier, qu'on aura obtenu des notions plus étendues.

Or, comme ce n'est qu'en comparant un individu à un autre individu de son espèce, qu'on remarque la différence qui est entre eux, et qu'on découvre par conséquent le moyen de le distinguer dans son langage, c'est en multipliant les comparaisons qu'on particularisera les signes; et l'exactitude des descriptions qui seront faites, le nombre des signes qui y seront employés, deviendra comme une marque à laquelle on pourra reconnoître jusqu'où ceux qui parlent ont poussé leurs comparaisons.

Mais si on parle mieux, lorsqu'on a mieux comparé, on sent aussi mieux alors l'imperfection du langage des autres, on en remarque mieux les équivoques, et voilà pourquoi, disons-le en passant, voilà pourquoi ce qui semble clair à un ignorant est souvent inintelligible pour un homme éclairé. Deux hommes qui ne sont point sortis de chez eux se comprenent quand ils disent : *la ville* ou *le village* ; mais que veulent dire ces mots pour celui qui a visité de vastes contrées, ou qui a la mappemonde sous les yeux ?

Cette première analyse ne conduit, nous l'avons annoncé, qu'à des sensations ou des images. Si nous nous y sommes long-tems arrêtés, c'est qu'ici sont renfermés les germes d'importantes vérités que nous développerons par la suite.

Il sera facile maintenant d'expliquer comment on décompose la sensation elle-même ou son image, et à quelle occasion on se trouve contraint de le faire.

2°. D'abord, de même qu'un seul signe ne suffisoit pas pour exprimer à la fois plusieurs idées sensibles, souvent il ne suffira pas même, pour en énoncer une seule. Pour le mieux faire entendre, reprenons l'exemple de l'animal dont je parlois tout-à-l'heure.

Nous avons supposé qu'il n'auroit employé que trois signes, pour représenter les trois idées sensibles principales dont se compose son image ; je veux dire , sa forme, sa couleur, et le cri qu'il fait ordinairement entendre. Mais d'abord, la forme de l'animal se compose de plusieurs choses ; par exemple, sa hauteur, sa longueur, sa grosseur, puis un aspect terrible ou agréable, puis un air de pesanteur ou de légèreté, etc. Chacune de ces circonstances est tellement distincte, qu'elle ne peut être exprimée que par un signe particulier. La hauteur , la longueur , la grosseur, se peignent en marquant trois dimensions différentes ; l'air et le regard de l'animal, en feignant le plaisir ou l'effroi qu'ils inspirent ; sa lourdeur ou sa légèreté, en imitant un mouvement plus ou moins aisé et rapide. Il en seroit à peu près de même des deux autres idées sensibles qui se réunissent à celle-là pour former une image complette.

On conçoit comment celui qui cherche à désigner un tel animal, pourra être contraint à employer successivement tous ces signes ; on conçoit aussi comment il parviendra à les mettre en œuvre. Cette hauteur, cette longueur, cette grosseur, cet aspect peuvent être communs à d'autres animaux ; donc il ne suffit point de peindre un de ces traits pour désigner celui-ci. Ce n'est qu'en comparant ces animaux entr'eux, en saisissant tous les traits qui appartiennent à celui qu'on veut décrire, qu'on parviendra enfin à le faire infailliblement reconnoître.

Voici l'animal désigné, et cependant tout n'est point fini encore ; il reste plusieurs choses à en dire. D'abord cet animal étoit en repos, ou il faisoit quelqu'action ; et c'est une nouvelle circonstance que l'un a peut-être besoin de raconter, et l'autre, d'entendre. Comme la description qu'il en a faite la laisse entièrement ignorer, il faudra au moins un nouveau signe pour exprimer son état ou son action.

Soit que cet animal se trouve être un ennemi dangereux, ou une proie désirable pour nos deux interlocuteurs, il faudra bien aussi désigner le lieu qu'il occupe ;

voici la nécessité d'un nouveau signe, pour exprimer le rapport de localité.

Peut-être cet animal n'est-il point seul, peut-être est-il accompagné de plusieurs autres de son espèce ; il faut en indiquer le nombre ; nouveau rapport à énoncer par un nouveau signe.

Enfin, peut-être on ignore où il se trouve au moment même ; mais on a découvert son gîte, on sait où il a habité, ou bien encore on sait qu'il doit passer bientôt dans le lieu même que l'on occupe ; il faut bien dire qu'on ne parle pas de l'instant actuel, mais qu'on se rappelle le passé ou qu'on prévoit l'avenir. Il faut employer un dernier signe, pour exprimer un rapport de tems.

Voici donc la naissance des idées abstraites ; car ce sont des idées abstraites que celles de hauteur, de longueur, de beauté ou de laideur, de rapidité ou de lenteur, de repos ou d'action, etc. ; ce sont des idées abstraites que celles des rapports de lieu, de tems, de nombre, etc. On ne sauroit concevoir un objet sans qu'il soit à la fois haut, long et large, en repos ou en mouvement, dans un certain lieu et un

certain état, en nombre singulier ou multiple, et sans que tout ceci soit rapporté
à un certain tems. Egalement, il n'y a jamais de tems, de lieu, de nombre, de
mouvement, de dimension, les uns sans
les autres et sans un objet commun autour
duquel ils se réunissent. Cependant quoique
ces diverses circonstances ne fassent qu'un
faisceau réellement indivisible autour de
l'idée sensible à laquelle ils appartiennent,
l'esprit les soumet en quelque sorte à une
division artificielle, parce qu'il fixe séparément son attention sur chacune d'entre
elles, pour lui donner un signe distinct.

Sans doute, avant le langage, l'homme
possédoit déjà les matériaux des idées abstraites, puisqu'il avoit des sensations et des
idées sensibles. Mais des idées n'existent
vraiment pour l'esprit, que lorsqu'elles
sont apperçues par lui, c'est-à-dire fixées
par son attention. Or, l'attention ne produit la lumière, qu'autant qu'elle est limitée.
Plus elle embrasse d'objets, et moins elle
nous les fait connoître ( Chap. 1 ). Et
comme avant l'institution du langage, rien
ne la dirigeoit en particulier sur les divers
élémens que renferme l'idée sensible, l'es

prit ne les appercevoit que d'une manière confuse, parce qu'il ne les voyoit que dans leur ensemble.

Si donc le langage détermine pour nous la naissance des idées abstraites, c'est qu'il nous fournit le secours qui nous manquoit pour donner une attention distincte à chaque nuance, à chaque rapport de l'idée sensible, semblable en cela au miscroscope qui semble créer pour nous les objets, lorsqu'il ne fait qu'augmenter l'angle optique sous lequel ils sont apperçus par notre œil.

La décomposition de l'idée sensible, la naissance de l'idée abstraite a lieu pour celui qui écoute, au même moment où elle s'opère dans l'esprit de celui qui parle. Le premier signe n'offrant à l'auditeur qu'une idée générale de *hauteur*, lui retraçoit peut être l'image de tous les animaux auxquels il connoît cette taille, et ne fixoit du moins son attention que sur cette circonstance qui se trouve commune à tous. Les deux signes suivans rapprochoient son esprit de l'animal désigné, puisqu'ils peignoient sa forme entière ; cependant ils le laissoient encore hésiter entre tous ceux qui lui présentoient une forme semblable. Enfin, lors même que l'animal lui fut entièrement désigné, décrit, il n'avoit encore qu'un tableau imparfait, qu'une ébauche, jusqu'à ce qu'on y eut ajouté successivement toutes les circonstances nécessaires, pour faire, de ce personnage oisif, le sujet d'une action quelconque.

C'est ainsi qu'au sein des vagues conceptions qui s'offroient d'abord à son esprit, l'auditeur a demêlé successivement une longue série d'idées dont il a composé cette idée sensible qu'on vouloit lui transmettre.

Chez ces deux individus, c'est la comparaison des idées sensibles qui détermine l'analyse. C'est elle qui donne lieu au premier à discerner tous les traits qui en composent le caractère, c'est elle qui aide au second à les reconnoître.

L'un et l'autre se perdoient au milieu du vague de leurs idées. La nécessité où ils sont, l'un de les produire, l'autre de les recevoir, une à une, les contraint tous deux à s'en rendre compte.

Ainsi, plus les hommes auront occasion de conférer entre eux, et plus ils devront comparer leurs idées sous des rapports divers ;

de même aussi, plus ils les compareront ;
et plus seront délicates et nombreuses les
abstractions auxquelles ils seront conduits.

Ceci nous explique pourquoi les sauvages, les enfans, ont très-peu d'idées
abstraites ; pourquoi les classes laborieuses
de la société en ont moins que celles où
l'on a plus de loisir pour converser ; pourquoi enfin, les hommes du monde en ont
moins que les philosophes.

Il faut ici remarquer une nouvelle propriété des signes du langage. C'est qu'en
même tems qu'ils fournissent un motif pour
l'abstraction, ils rendent aussi le travail
mécanique de l'abstraction, plus facile à
l'esprit ; car ce n'est jamais qu'avec peine
que l'attention se fixe sur les idées abstraites, et plus elles sont abstraites, plus il lui
faut d'effort pour les atteindre. Elles sont
alors pour lui, comme ces lumières vagues
et fugitives qui s'offrent quelquefois à nos
yeux pendant une soirée d'été, et qui dis-
paroissent à l'instant où l'œil s'arrêtoit
sur elles. Mais le signe qu'on y attache
sert à les retenir fixes devant le regard de
l'esprit ; il les empêche de retourner se
confondre dans la combinaison d'où elles

sont sorties ; la distinction très-sensible de nos signes aide la distinction très-délicate de nos idées. Le signe devient pour nous comme un point de repos dans la route ardue que nous sommes forcés de parcourir.

Le nombre des abstractions auxquelles donne lieu la décomposition des idées sensibles, est presque au-dessus de nos calculs. Il est cependant un terme auquel l'analyse est forcée de s'arrêter. On arrive enfin à des élémens simples qu'on essayeroit en vain de résoudre. Telle est, par exemple, l'idée de l'unité numérique, celle de l'*être* ; telle est l'idée générale de l'espace et de la durée.

Nous distinguerons donc une image simple, et une idée simple. L'une est le dernier reste de la première décomposition, l'autre, celui de la seconde. L'image simple est celle qui n'est composée d'aucune autre image ; telle est, par exemple, celle de la couleur rose. L'idée simple est la plus délicate abstraction à laquelle l'esprit puisse atteindre.

Le langage a ses élémens comme la pensée, et ces élémens se réunissent pour former, dans le discours, un tableau qui correspond à celui que les idées élémentaires forment par leur réunion dans la pensée.

Les élémens du discours se répartissent en grandes classes, comme ceux de la pensée ; ces classes, à leur tour, se divisent en plusieurs familles. Les grammairiens s'occupent de cette distribution ; ils distinguent les substantifs, les adjectifs, les verbes, les prépositions etc., et les diverses espèces de chacuns.

De même que les idées se trouvent associées entre elles, selon certains rapports, dans la pensée, les élémens du discours se trouvent remplir certaines fonctions dans le tableau qu'il présente. Les grammairiens s'occupent encore de remarquer ces fonctions et les lois qu'elles suivent. Ils déterminent des cas, des genres, des nombres, des modes, etc.

Ces relations qui subsistent entre le discours et la pensée, comme entre leurs élémens réciproques, ont servi à donner au langage un nouveau caractère d'analogie qu'il est important de remarquer.

On a distingué par des désinences ana-

logues, les familles de mots qui expri-
moient certaines familles d'idées. On a
aussi déterminé, par de semblables moyens,
les fonctions analogues que les mots devoient remplir dans le discours, d'après
celles que leurs idées remplissoient dans
la pensée.

Il faut remarquer que cette espèce d'analogie pourroit subsister lors même que les
radicaux des mots ne seroient point analogues aux idées qu'ils représentent. Cette
nouvelle analogie n'est fondée que sur la
correspondance établie entre les lois données au système des signes, et les lois
auxquelles étoit soumis le système de nos
idées.

Pour distinguer cette nouvelle analogie
du langage, fondée sur la conformité des
modifications que subissent les mots, avec
celles que présentoient les idées, de
l'analogie qui résultoit du caractère d'imitation propre au mot radical destiné à
représenter une idée primitive, j'apel-
lerai celle-ci analogie *sensible*, et celle-
là analogie *logique* ; car l'une semble
n'être qu'une peinture, l'autre suppose un
raisonnement ; l'une appartient à chaque

signe en particulier, l'autre ne peut appartenir qu'à un systême de signes.

Dans nos langues modernes, cette analogie *logique* éprouve, comme l'analogie sensible, une assez forte altération. Cependant, elle est beaucoup moins frappante que celle qu'ont ressenties les racines mêmes des mots. Si, par exemple, nous comparons entre elles les diverses classes de substantifs qui se terminent en *té*, *tion*, *eur*, *ance*, etc., nous remarquerons que cette classification se rapporte ordinairement à certains caractères communs des idées qu'ils représentent. Les premiers désignent ordinairement des idées concrètes de modes, les seconds une action, les troisièmes une modification, les quatrièmes une puissance, etc. On feroit une semblable remarque sur les adjectifs ; nos adverbes sont presque toujours terminés par la syllabe *ment*. Tout arbitraite qu'à pu être le choix de ces désinences, la fidélité à les observer sert au moins à annoncer, par les mots, une certaine correspondance entre les idées.

Il est facile de remarquer chez les enfans,

lorsqu'ils apprennent à parler, une suite d'opérations semblables à celles qui dûrent avoir lieu lors de l'institution du langage. Nos signes, lorsqu'ils veulent les adopter et en faire usage, les forcent à multiplier leurs comparaisons et les conduisent par-là à décomposer leur pensée. Un enfant auquel on aura appris à dire *papa*, en lui montrant son père, donnera d'abord, ainsi que Locke l'a remarqué, le nom de *papa* à tous les hommes qu'il verra. Comme il ne saisit au commencement que les apparences les plus frappantes des objets, ils lui paroissent presque tous semblables, et il les désigne par les mêmes noms. Mais lorsqu'on lui a fait remarquer qu'il se trompe, ou lorsqu'il s'en est apperçu lui-même par les effets qui sont résultés de son langage, il s'étudie à discerner les objets qu'il avoit d'abord confondus, et il en saisit les différences. L'enfant commence par n'employer, comme le sauvage, que quelques mots isolés, au lieu de phrases ; il commence par prendre seulement les verbes et les noms dans leur état absolu. Mais comme ces discours imparfaits expriment à la fois plusieurs choses très - variées, et produisent par conséquent autant d'équivoques, il éprouve promptement le besoin de les déterminer avec plus d'exactitude ; il cherche à faire comprendre comment la chose qu'il veut dire se distingue de celles avec lesquelles on la confond, ou on affecte de la confondre ; et pour y réussir, il cherche à la discerner lui-même. Ainsi, dans cet âge où l'enfant nous paroît encore oisif, il est en effet très-occupé, il est livré à une étude qui ne diffère point dans sa nature de celle à laquelle se livre le philosophe ; comme lui, il observe, il compare, il analyse.

Remarquons à cette occasion, combien il y a peu de sagesse dans cette habitude si générale de faire toujours taire les enfans lorsqu'ils sont au milieu de nous, et dans ce préjugé qui fait regarder comme perdu le tems qu'on passe à les entretenir. S'étudier à les écouter, à leur répondre, si on le faisoit d'une manière convenable, seroit le moyen le plus simple de déterminer les progrès de leur esprit ; et souvent ceux qui auroient la patience de se livrer à cet exercice, y puiseroient eux-mêmes des instructions qui leur sont très-nécessaires.

Enfin, le même travail que dûrent exécuter ceux qui instituèrent le langage, qu'exécute l'enfant lorsqu'il apprend sa langue, se répète aussi dans l'esprit de l'homme déjà pourvu de tous ces signes, chaque fois qu'il en fait usage ; car la décomposition de la pensée peut seule lui apprendre à faire le choix des signes qu'il doit employer, et à les disposer dans un ordre convenable. Ainsi, cette action extérieure que nous nommons *parler* ou *écrire*, est toujours accompagnée d'un travail philosophique dans l'esprit, à moins qu'on ne se borne, comme il arrive trop souvent, à répéter mécaniquement ce qui a été dit par d'autres. C'est sous ce rapport que nos langues, avec leurs formes et leurs règles, conduisant, pour ainsi dire, ceux qui s'en servent dans le sentier d'une régulière analyse, leur traçant, dans un discours bien fait, le modèle d'une parfaite décomposition, peuvent être regardées en quelque sorte (1) comme des méthodes ana-

_______________

(1) Je dis : *en quelque sorte*. Car le mot de méthode

lytiques. . . . . Mais je m'arrête; Condillac à qui cette idée appartient, l'a trop bien développée pour qu'on puisse espérer de le mieux faire.

---

ne peut être employé ici qu'improprement. Les langues sont des *occasions*, des *moyens d'analyse*; c'est-à-dire qu'elles sont entre nos mains un secours pour mieux suivre la méthode, mais elles ne sont point la *méthode* même. Elles sont comme les signaux placés sur une route pour aider à la reconnoître; si les langues nous aident à analyser, c'est qu'elles sont elles-mêmes les produits et comme les monumens des analyses qui ont été faites, et leurs secours sont d'autant plus efficaces que ces analyses ont été mieux exécutées.

---

# CHAPITRE SEPTIÈME.

*Nouvelles opérations de l'esprit à l'ocasion du langage. Double combinaison des idées. Idées complexes. Manière dont elles ont été nommées.*

---

De même que j'ai donné le nom de décomposition de la pensée à cette attention distincte qui se porte séparément sur toutes ses parties, j'appellerai combinaison des idées, cette opération par laquelle l'attention embrasse à la fois plusieurs idées comme en un seul regard, et donne ainsi naissance aux idées complexes.

Dans la décomposition ou la combinaison des idées, il n'y a rien, à le prendre rigourement, qui se dissolve ou se compose. Nous empruntons seulement ces expressions pour désigner une certaine manière d'envisager les objets, qui est propre à notre esprit.

On se rappelle qu'avant l'institution du

langage, il existoit déjà pour nous un très-grand nombre d'idées complexes, ou plutôt, que dès-lors toutes nos idées étoient complexes. Ces combinaisons étoient l'effet des liaisons d'idées formées en nous par l'analogie ou l'habitude. Les circonstances qui nous les avoient données, nous les retraçoient ; et l'esprit qui n'étoit point encore exercé à en décomposer le faisceau, les contemploit toutes ensemble. ( Voyez ch. 3 et 6 ).

En créant le langage, un signe simple dut s'offrir quelquefois pour énoncer une de ces combinaisons naturelles. Car nous avons vu, page 140, qu'il n'étoit pas toujours nécessaire de décomposer la pensée pour la traduire ; et qu'un seul signe pouvoit suffire à l'exprimer toute entière, soit parce qu'il se lioit à la fois à toutes les idées, soit parce que l'idée parculière qu'il excitoit immédiatement, se trouvoit liée aux autres dans l'esprit des deux individus, et n'y étoit liée qu'à elles seules.

Il faut voir maintenant comment l'esprit sera conduit à donner des signes simples à toutes les autres combinaisons naturelles, et à former même, à l'aidedes signes, des combinaisons toutes nouvelles.

Lorsque, forcés de décomposer leur pensée toute entière pour la traduire, les hommes qui s'entretenoient eurent appelé à leur secours un long détail de signes, ils sentirent tous le besoin d'une expression qui fût à la fois aussi certaine dans ses effets, mais plus simple dans sa nature; ils voulurent s'affranchir de procédés aussi lents; ils cherchèrent un moyen qui pût faire passer à la fois dans l'esprit des autres, les idées qui existoient à la fois dans le leur, et rendre le langage aussi rapide que la pensée même. Quel ennui, quel retard n'étoit-ce pas si chaque fois qu'il falloit nommer un même animal, on se trouvoit forcé de retracer ce long appareil que nous décrivions tout-à-l'heure ? Or on trouva une méthode facile, pour se créer un langage plus abrégé. On convînt de donner à un signe unique le pouvoir collectif de tous ces signes; on joignit à cette longue description un nom simple qui la représenteroît à l'avenir; on dit : un *cheval*, un *lion*, un *homme*.

Ce n'étoit point encore ici des combinaisons nouvelles ; mais l'art avoit recréé du moins les combinaisons de la nature , et ce premier travail offroit le modèle de celui qui alloit être exécuté en d'autres circonstances.

Si l'objet qui venoit d'être décrit se trouvoit inconnu à celui auquel la description en étoit offerte , le signe qu'on substituoit à cette description représentoit pour celui-ci une combinaison vraiment nouvelle. Cette idée complexe étoit pour lui un présent du langage.

Mais bientôt il se forma des idées complexes également nouvelles pour tous deux. Car, ainsi que nous l'avons déjà annoncé , le premier essai du langage avoit éveillé dans l'esprit de l'homme la faculté de réflexion , et cette faculté, en lui révélant l'empire qu'il exerçoit sur sa propre imagination , lui apprit à en assembler à son gré les divers produits.

Alors le génie de l'invention se montra , et inspiré par le besoin, guidé par l'analogie , puisant dans les riches trésors de l'imagination , il assembla les idées selon tous les rapports qui lui semblèrent utiles.

De ses efforts nâquirent les arts et leurs méthodes, les sciences et leurs systêmes. Bientôt même, esclave de nos plaisirs, et se jouant avec sa propre puissance, il fournit aux poëtes, aux peintres, des compositions presqu'abitraires; les bornes même du possible ne purent arrêter son essor; il brava les lois de la nature, il enfanta des monstres.

Le langage le suivit dans tous ses travaux et lui en prêta les moyens, il fixa par des signes les combinaisons que le génie avoit formées. Il suffisoit pour y parvenir, de réunir en un tableau toutes les idées élémentaires, ou du moins leurs signes, et d'attacher un signe nouveau à cet ensemble. Ce signe dès-lors acquerroit le pouvoir de l'évoquer tout entier, et devenoit par-là le soutien de l'idée complexe.

Et de même que dans le langage des idées abstraites, le signe servoit à isoler devant le regard de l'esprit le rapport qui servoit d'objet à l'abstraction, ici, au contraire, il servoit à rassembler devant lui tous les objets qu'il devoit embrasser dans une attention commune.

On ne se borna pas seulement à réunir des images ou des idées simples pour en former un premier ordre de combinaisons, on réunit aussi des idées déjà complexes pour en former des idées plus complexes encore. Toute idée, quoique étant le produit d'une certaine combinaison, put servir à son tour d'élément à une combinaison nouvelle.

L'attention de l'esprit est foible et bornée; elle ne peut embrasser à la fois qu'un très-petit nombre d'objets. Il s'élève donc ici un obstacle à l'étendue de nos idées complexes et nous semblons arrêtés par la loi elle-même de nos facultés au commencement de nos combinaisons. Mais c'est ici que se développe une grande et singulière propriété du langage, par laquelle il supplée aux forces de notre esprit et semble nous prêter une sorte de facultés artificielles. Cette observation mérite toute notre attention, parce qu'elle servira de fondement à des vérités très-importantes que nous développerons par la suite.

Lorsque, par une première combinaison, on a obtenu des idées aussi complexes que l'esprit puisse en embrasser, et qu'on leur a donné des signes, quoiqu'on soit hors d'état de les assembler entre elles pour former des tableaux plus étendus que nous puissions contempler encore, il nous reste cependant un moyen à employer, c'est de réunir du moins ces signes autour d'un signe nouveau qui, par sa liaison avec eux, puisse nous les rappeler tous. Ce dernier signe sans doute ne nous présentera pas des idées, mais il nous reconduira aux signes intermédiaires qui peuvent les faire reparoître en détail dans notre imagination, où leur étendue ne leur permettoit plus de se montrer.

Or nous pourrons répéter sur ce nouveau signe une opération semblable, je veux dire nous pourrons, en l'associant à des signes d'idées aussi complexes, le rassembler avec eux sous un troisième signe dont la valeur sera bien plus grande encore, et combinant toujours nos signes sous de nouveaux noms qui leur servent de pivots, arriver ainsi, comme par une échelle graduée, à des expressions abrégées qui puissent représenter pour nous une immense collections d'idées élémentaires. C'est ainsi par exemple, qu'avec un signe très-simple, le mot *milliard*, nous parvenons à exprimer une idée deux cent millions de fois plus étendue que celles qui seroient proportionnées à la portée ordinaire de notre esprit. Car il ne paroît guères que nous puissions d'un simple regard embrasser distinctement plus de cinq unités.

Quelles limites pourroient arrêter l'esprit humain pourvu d'une si puissante méthode ? Il s'élancera dans le sein de l'infini, et s'il ne peut l'embrasser dans ses conceptions, il saura du moins lui donner un nom.

Si l'on veut avoir une image sensible de l'opération que je viens de décrire, qu'on imagine un marchand recevant un une somme considérable et cherchant à en connoître le montant. D'abord comptant les écus par quatre ou par cinq, et répétant quatre ou cinq fois cette opération, il formera une pile de vingt qu'il entourera bientôt de plusieurs piles semblables. Alors il les réunira toutes dans un sac. Il remplira de cette manière plusieurs sacs, et mettant le tout dans sa caisse, il aura l'idée collective ou complexe de la quantité d'écus qu'il a touché. Je remarquerai ici en passant que cette habitude où nous sommes de compter par quatre ou par cinq atteste que c'est le nombre le plus élevé que nous puissions saisir d'un seul regard, et comme le terme de l'étendue de notre attention lorqu'elle veut, par un acte unique, obtenir une claire connoissance.

Je me bornerai à diviser les idées complexes, par rapport à l'ordre de leur formation, en deux grandes espèces : celles dont l'étendue n'excède point les forces de notre esprit, et dont tous les élémens peuvent être par conséquent soumis à la fois à son regard, et celles qui ne sauroient lui être présentés dans leur ensemble, mais dont il possède seulement les conditions ou les signes, et dont il peut visiter successivement les détails, en se retraçant la suite des signes intermédiaires qu'il a associés sous une expression plus abrégée.

Qu'on ne s'effraie point d'apprendre qu'il est un si grand nombre d'idées que nous n'avons point réellement, quoique nous croyons les avoir, et que, la plûpart du tems, nous ne pensons qu'avec des mots ; car on verra tout-à-l'heure, que quoique nous ne puissions jamais fixer ces idées elles-mêmes dans leur intégrité, nous n'en déterminons pas moins avec certitude et précision les rapports , et que nous tirons de cette pensée artificielle de tres-grands secours, pour étendre nos connoissances.

Que si , au lieu d'avoir égard à l'ordre de la combinaison de laquelle résulte une idée complexe , nous considérons seulement la nature de cette combinaison, je veux dire, l'espèce d'élémens qui ont servi à la former, nous obtiendrons une autre classification des idées qui ne nous sera pas moins nécessaire.

D'abord , on peut réunir des images simples pour en former un tableau sensible. Ainsi , en réunissant des idées de couleur , de formes , d'odeurs , nous nous formerons les idées complexes d'une fleur , d'un jardin , d'une maison , d'un animal , etc.

Ensuite nous pourrons unir ensemble des idées sensibles et des idées abstraites , pour en former une combinaison qui ne sera proprement ni sensible , ni abstraite , mais un mêlange des deux espèces. Telle est l'idée d'un *homme*, par exemple , qui associe à celles d'une certaine forme et de plusieurs autres propriétés physiques , celles de diverses facultés morales et intellectuelles. Telle est encore l'idée d'un *parri-*

*cide* qui renferme celle d'une action soumise à nos sens, et celle d'un rapport abstrait à une loi de morale qui ne peut être apprécié que par notre esprit.

Nous nous bornons souvent aussi à former des conmbinaisons d'idées abstraites.

Mais quelquefois ces idées abstraites seront variées entre elles. C'est ainsi, par exemple, que nous nous composons l'idée de la *raison* dans laquelle nous réunissons celles de diverses facultés de notre esprit ; telle est aussi celle qu'on se formeroit d'un génie invisible auquel on prêteroit et des connoissances, des volontés, et une certaine domination dans la nature.

Quelquefois ces idées abstraites ne sont toutes proprement que la répétition d'une même idée simple. Alors, l'idée complexe n'est autre chose que cette idée simple multipliée, reproduite pour se combiner avec elle-même; telles sont toutes les idées de l'étendue, de l'espace, de la durée, des quantités; ce sont les idées auxquelles Loke a donné le nom d'*idées complexes des modes simples*, que nous leur conserverons dans cet ouvrage.

On n'a point assez remarqué cette singulière puissance qu'a l'imagination , de répéter à volonté une même idée dans l'esprit, une fois qu'elle a été obtenue par les moyens ordinaires, de la répéter des millions de fois , j'allois dire à l'infini. Quoique ce soit toujours la même idée qui se représente , l'imagination lui donne à chaque fois comme une sorte d'existence différente dans l'esprit. On voit que c'est la même idée; mais on apperçoit cependant ces diverses images hors les unes des autres ; on les compare , on les réunit, on en forme des compositions , et c'est ainsi que de la perception la plus simple , l'esprit seul parvient à former les idées les plus complexes. Or , comme nous ne demandons ici aux sens et à l'observation que la première idée élémentaire qui sert de fondement à notre travail , et que tout le reste sort de notre fonds , ces idées sont celles qui nous appartiennent le plus en propre.

De là résultent quatre grandes classes d'idées complexes ; celles des *idées complexes sensibles,* celles des *idées complexes* à la fois *abstraites* et *sensibles* celles des *idées complexes abstraites , mais mixtes ,* enfin celles des *idées complexes des modes simples.*

Il y auroit encore plusieurs manières de classifier ces idées, mais ce sont les seules que nous ayons besoin d'employer ici, parce qu'elles les rassemblent sous les propriétés communes qui feront l'objet de notre étude.

Lorsqu'on voulut donner des noms aux idées complexes qu'on venoit de créer, l'analogie servit, la première, de guide. On réunit en un seul signe, les signes divers des idées élémentaires dont cette idée complexe étoit résultée ; on eut des *noms composés*, dont la composition représentoit celle de leurs idées respectives.

Cette méthode donna pour la langue des idées complexes, un second caractère d'analogie, semblable à celui que j'ai déjà remarqué par rapport aux idées abstraites, et que j'ai appelé analogie *logique*. Cette analogie étoit indépendante de celle qui appartenoit aux racines mêmes des mots ; elle pût être établie dans une langue toute abstraite d'ailleurs ; elle ne consistoit que dans la correspondance des rapports qui existoient entre les signes, avec ceux qui subsistoient entre les idées.

Mais plusieurs raisons ont concouru à

empêcher la plupart des signes d'idées complexes de jouir de cette analogie. D'abord, un grand nombre de ces idées étoient déjà complexes, lorsqu'elles furent nommées, comme nous l'avons remarqué au commencement de ce chapitre; elles reçurent donc leurs signes, avant que leurs élémens eussent été nommés eux-mêmes. Ensuite il en est un grand nombre dont la composition est tellement variée que si on vouloit leur donner des signes anologues, il faudroit employer un discours entier pour les rendre. Que seroit-ce si on vouloit que le nom de l'*or* retraçât toutes les propriétés de ce métal ? On se bornoit donc alors à puiser la raison du signe donné à l'idée complexe, dans quelqu'une des circonstances qui lui sembloit être plus particulière.

C'est ainsi, par exemple, qu'en donnant le nom d'*électrique* et *pneumatique*, à deux machines employées par les physiciens, pour opérer le vuide ou déterminer certains phénomênes de l'électricité, on n'a eu égard qu'à une certaine circonstance des effets qu'elles produisent, et non aux matériaux dont elles sont formées, aux parties dont l'assemblage les compose.

D'ailleurs, les mêmes causes qui altérèrent les analogies sensibles des langues, dûrent aussi porter atteinte, quoique d'une manière moins frappante sans doute, à celles que je viens d'expliquer.

Il est des idées complexes qui fûrent nommées avant les idées abstraites, telles, par exemple, que celles qui avoient précédé l'institution du langage et auxquelles il ne fit que donner des noms. Mais il est aussi des idées complexes qui succédèrent aux abstractions, et qui même ne prirent naissance que long-tems après elles. Telles sont, par exemple, celles qui ne sont qu'un assemblage d'idées abstraites, et qui appartiennent aux trois dernières classes que je viensde distinguer.

Cependant, en général l'esprit humain est beaucoup plus porté à combiner qu'à abstraire. La première de ces deux opérations est facile et prompte; la seconde est lente et pénible. La première semble nous appauvrir, parce qu'elle resserre notre attention sur des points étroits et isolés; la seconde semble reculer les bornes de notre existence, parce qu'elle rassemble devant nous un grand nombre d'objets. La pre-

mière n'a d'attrait que pour le seul philosophe, parce qu'elle lui fournit des notions
plus exactes et plus sûres; la seconde séduit
tous les hommes, parce qu'elle plaît à
à l'imagination. C'est au talent de combiner les idées que sont dûs tous les effets
des arts agréables.

On ne forme jamais de combinaisons sans
un motif. Ce motif ne sauroit être puisé
que dans un rapport quelconque, commun
à toutes les idées que l'on combine, et qui
devient le fondement de leur liaison. Mais
ce rapport lui-même ne peut être apperçu
qu'en les comparant entre elles. Ainsi c'est
encore la comparaison de nos idées qui
nous conduit à composer, comme elle nous
donnoit lieu à abstraire.

Les occasions ou les motifs de combiner
les idées doivent se multiplier chaque jour,
à mesure qu'on observe de nouveaux faits,
ou qu'on compare sous de nouveaux rapports les idées acquises. Ainsi les signes des
idées complexes se multiplient en raison de
progrès et du développement de nos facultés, comme en raison de l'expérience ; les
découvertes des savans, et les systèmes des
philosophes, nous forcent chaque jour de

charger nos dictionnaires de nouveaux noms , et la richesse d'une langue devient encore sous ce rapport le signe des progrès qu'ont fait ceux qui la parlent.

Lorsque les arts et les sciences se trouvent par un heureux concours de circonstances appelés dans des contrées jusques-là barbares , la langue qu'on y parloit prend un développement subit ; et ce perfectionnement de la langue prépare de nouveaux succès à la génération suivante. Lorsqu'une société éprouve une variation rapide dans sa situation morale ou politique , lorsque les intérêts et les principes s'y trouvent à la fois changés déterminent des associations d'idées toutes nouvelles , la langue doit aussi éprouver une révolution , elle doit se charger de mots nouveaux. Combien le vocabulaire de la langue française ne s'est-il pas accru depuis dix années !

Toutes les nations ne suivirent pas le même système , ne firent pas d'aussi rapides progrès , en combinant ou décomposant leurs idées. La variété des besoins, des mœurs , des institutions , des circonstances de toute espèce , dut porter les esprits à suivre plutôt telle ou telle direction. Ainsi, leurs dictionnaires ne purent se trouver dans une parfaite correspondance. De-là ce grand nombre de mots qu'on ne peut rendre aux étrangers que par le moyen des périphrases, et ces nuances inimitables qui, formant le génie propre d'une langue, deviennent le désespoir des traducteurs.

Je ne quitterai point ce sujet sans m'arrêter à une observation qui me paroît avoir été trop négligée jusqu'à cette heure, et dont on reconnoîtra bientôt toute l'importance ; c'est que chaque idée complexe qui appartient au second ordre de combinaison, peut se former selon des systêmes différens ; c'est que les différens systêmes par lesquels on peut obtenir une idée complexe du second ordre, seront d'autant plus nombreux que cette idée sera plus complexe elle-même. J'expliquerai ceci par un exemple.

Nous avons vu que l'esprit, après avoir rassemblé les idées élémentaires, pour donner naissance à une nouvelle combinaison, réunit souvent sous un nouveau signe ces

1.

premiers résultats, pour en former une collection nouvelle. Soient donc quatre idées élémentaires, $a$, $b$, $c$, $d$, dont mon esprit s'emparera pour les combiner. Il pourra d'abord, les prenant deux à deux selon leur ordre naturel, former deux idées complexes, l'une $a + b$, que j'appellerai A, l'autre $c + d$ que j'appellerai B ; et unissant à leur tour ces deux produits pour former une idée plus complexe encore qui rassembleroit les quatre élémens $a$, $b$, $c$, $d$, $= \text{A} + \text{B}$ que j'exprime par X. La formation de cette idée du second ordre nous seroit donc représentée par la formule suivante :

$$\left.\begin{array}{l} \left.\begin{array}{l} a \\ b \end{array}\right\} \text{A} \\ \left.\begin{array}{l} c \\ d \end{array}\right\} \text{B} \end{array}\right\} \text{X.}$$

Que si au contraire nous saisissions d'abord $a$ et $c$ d'un côté, et $b$ et $d$ de l'autre, pour en former deux idées complexes A' et B', nous arriverions encore, par une seconde combinaison, au même résultat X. Enfin, on l'auroit également obtenu par un travail où l'on eût combiné $a + d = \text{A}''$, et $b + c = \text{B}''$.

Nous aurions donc ces deux opérations nouvelles :

$$\left.\begin{array}{l} \left.\begin{array}{l} a \\ c \end{array}\right\} A' \\ \left.\begin{array}{l} b \\ d \end{array}\right\} B' \end{array}\right\} X. \qquad \left.\begin{array}{l} \left.\begin{array}{l} a \\ d \end{array}\right\} A'' \\ \left.\begin{array}{l} b \\ c \end{array}\right\} B'' \end{array}\right\} X.$$

Où l'on voit qu'en partant des mêmes élémens qui figuroient dans la première, pour arriver au même composé, on passe cependant par quatre intermédiaires nouveaux, et différens de ceux qui furent employés d'abord.

J'ai supposé ici le cas le plus simple de tous, puisque j'ai pris une idée complexe du second ordre, formée seulement de quatre idées élémentaires (1). Si j'en admettois six, on voit déjà se multiplier le nombre des différens intermédiaires possibles. D'abord, en prenant ces élémens trois à trois, je formerois dix premières combinaisons ; et si je voulois les sommer

_____________

(1) Cette idée n'appartiendroit pas même proprement à la classe de celles que j'ai nommées complexes du second ordre. Car l'esprit peut facilement embrasser d'un seul regard quatre idées simples. Mais il suffit ici à mon dessein qu'elle soit supposée être le résultat d'une double combinaison.

aussi ou deux à deux, ou par quatre et deux, j'obtiendrois trente combinaisons intermédiaires qui me conduiroient au même résultat. Que seroit-ce donc si nous prenions une idée complexe d'une beaucoup plus grande étendue, comme sont en effet la plupart de celles qui appartiennent au second ordre ; et quelle étonnante variété de routes ne s'ouvriroient pas devant nous pour y arriver !

Ceci résout une difficulté que j'ai entendu faire quelquefois. On demandoit si deux idées que nous unissons par une équation telle que $5 + 2 = 4 + 3$, par exemple, sont identiques l'une à l'autre. Il semble que si elles étoient identiques, le travail de la solution du problême seroit inutile. Il semble que si elles n'étoient pas identiques, l'une ne pourroit plus être substituée à l'autre dans la transformation qu'on fait subir au langage. Cette difficulté naît d'une équivoque dans l'emploi du mot *identique*. L'identité est dans la nature des deux quantités $5 + 2$, $4 + 3$, la variété, dans leur formation. Elles sont les mêmes, considérées dans leur rapport aux élémens primitifs dont elles sont immédiatement formées, c'est-à-dire, quand à leurs propriétés intimes ; et voilà pourquoi on peut substituer une quantité à l'autre, sans altérer l'équation. Mais l'idée n'est point envisagée de la même manière par l'esprit, dans les deux cas, et voilà pourquoi il a besoin d'en substituer les expressions l'une à l'autre, dans le travail de la solution problématique. Si j'ai 5 écus dans ma poche et 2 dans l'autre, ou 4 dans celle - ci et 3 dans celle - là, j'ai toujours les mêmes écus et la même somme, seulement ils ne sont point distribués de la même manière. Il est sans doute indifférent en soi, que j'aie 4 écus plus 3, ou 5 écus plus 2 ; mais il n'est point indifférent que j'arrive à le reconnoître par telle ou telle combinaison ; car mon esprit peut appercevoir, en suivant l'une, des rapports qu'il ne remarqueroit point en s'attachant à l'autre.

Une conséquence résulte naturellement de ce que nous venons de dire, c'est que si l'esprit s'est élevé à une idée complexe, par un des systêmes possibles pour sa formation, il pourra soumettre cette idée complexe à des abstractions qui lui donneront des idées toutes nouvelles. Ainsi de même qu'on a combiné les idées abstraites, on abstrait aussi des idées complexes, et ces deux grandes opérations, combiner et abstraire, se succéderont l'une à l'autre en mille manières diverses, pour renouveller tout le système primitif de nos idées.

La formation des idées complexes est à peu près la même pour l'homme qui, naissant dans une société civilisée, apprend la langue qu'on y parle, et pour ceux qui instituèrent avant lui cette même langue, toutefois avec ces deux principales différences ; la première, que cette formation est très-rapide chez le premier, tandis qu'elle dût être très-lente parmi les autres ; la seconde, que le premier reçoit les idées complexes toutes formées, sur le modèle que lui présentent les hommes au milieu desquels il est placé, pendant que les autres en fûrent entièrement les auteurs, et n'eûrent pour les former, d'autres règles que l'arbitraire de leur propre volonté, ou pour mieux dire, que leurs besoins.

Si le langage, en nous fournissant à la fois l'occasion et le moyen de décomposer la pensée, est devenu pour nous une sorte de méthode analytique, conduits par lui à combiner nos idées, trouvant en lui les secours nécessaires pour effectuer ces combinaisons, nous pourrons donc aussi le considérer sous ce rapport, comme une *méthode synthétique*, et nous aurons occasion de montrer bientôt que cette nouvelle propriété, trop peu observée des philosophes, n'est pas moins précieuse que la précédente.

En réunissant les corollaires de ces deux derniers chapitres, nous obtiendrons deux conséquences générales : la première, c'est que l'esprit de l'homme doit vraiment aux signes institués, aux signes du langage, tout ce qu'il y a en lui d'idées artificielles, c'est-à-dire, qui soient son propre ouvrage ; que c'est du langage qu'il tient le pouvoir de combiner et d'abstraire, et de donner ainsi une nouvelle forme aux notions qu'il tenoit de la nature. La seconde, c'est que les idées de sa création ne sont vraiment au fond, que de nouvelles manières d'envisager celles qu'il possédoit déjà, de diriger son attention sur elles, soit qu'il les réunisse pour les envelopper d'un commun regard, soit qu'il les analyse pour en fixer séparément les parties élémentaires.

Ici se confirme encore cette vérité que nous avions déjà établie, que si l'on réduisoit, aux seuls éléments du langage, l'acception du mot *signe*, on devroit dire que, quoique les signes nous aident à former *certaines idées*, leur secours n'est cependant pas nécessaire à la formation de *toutes les idées, de celles qui résultent le plus immédiatement de la sensation.* En effet, soit qu'on veuille restreindre le mot *idée*, à l'usage que nous en avons fait, soit qu'on veuille l'étendre à toute sensation distincte, et à ce que nous avons appelé *perception*, l'institution et l'usage des signes supposent toujours l'existence de quelques idées. Si l'on adopte la première acception, cette institution, cet usage suppose certainement les idées sensibles, ou images ; car deux individus ne se comprendroient jamais, et n'auroient par conséquent aucun langage, si l'un n'imaginoit pas déjà les manières d'être de l'autre. Si on préfère la seconde acception, on trouve encore que le langage suppose des sensations distinctes ; car, sans la faculté de distinguer des sensations, ces deux individus qui commencent à converser, ne pourroient pas démêler celles

qui doivent leur servir de signes. Ils n'auroient pas même de motif pour instituer
les signes, et les employer. Car un motif
suppose une décision de l'esprit, par conséquent une comparaison; et il n'y a point
de comparaison sans la distinction des manières-d'être. On ne compare pas ce que
l'on confond.

Avant de passer à de nouvelles opérations auxquelles notre esprit est conduit
par les signes du langage, il faut s'arrêter
quelque tems aux recherches dont celles
que nous venons de décrire nous fournissent la matière. D'abord, dans cette histoire
générale du langage, il est besoin de considérer en détail quelles sont les propriétés
que reçoivent chaque espèce particulière
de signes, et les fonctions qu'elles remplissent à l'égard de chaque espèce d'idée.
En second lieu, ce n'est point assez d'avoir
annoncé, d'une manière sommaire, comment le langage fut créé ; il faut aussi
examiner quelles conditions étoient re-
quises pour qu'il fût bien fait, comment
ces conditions ont été remplies, et quels
effets sont résultés de l'imperfection de ce
travail. Ces différentes recherches feront
la matière des chapitres suivans.

# CHAPITRE HUITIÈME.

*Des différentes fonctions que les signes remplissent à l'égard des idées abstraites et complexes et de leurs diverses espèces.*

Lorsqu'au chapitre troisième nous avons donné le nom de *signe* à toute sensation qui, associée dans notre esprit à quelque idée, tient de cette liaison le pouvoir de nous la retracer par sa présence, nous n'avons considéré dans les signes qu'une seule propriété, celle qui résulte de leur fonction d'*excitateurs*, si l'on veut me permettre d'employer ce terme. Jusqu'au moment où le langage commence à s'instituer, les signes ne jouissent en effet d'aucune autre propriété ; ils ne conservent aucun autre rapport avec les idées qui leur appartiennent. Ils déterminent l'apparition de l'idée dans l'esprit ; ils ne conduisent point l'attention sur elle. L'esprit affecté à la fois par la présence de la sensation qui fait la fonction de signe, et par l'apparition d'une ou de plusienrs idées qui lui sont liées, ne dirige son attention sur chacune d'entre elles, qu'en raison du rapport qu'elles ont aux besoins de l'individu. La sensation jouit, comme les idées qu'elle rapelle, d'une attention qui lui est propre et qui résulte de l'intérêt qu'elle présente. Toujours elle partage l'attention, souvent elle l'absorbe presque toute entière. Si les idées excitées l'attirent aussi, ce n'est point au signe, c'est à leur propre nature, à leur intérêt relatif, qu'elles en sont redevables. Ainsi, lorsqu'une souffrance rappelant les images des moyens propres à la soulager, devient le signe de ces images, cette souffrance occupe directement l'esprit, l'occupe plus que tout le reste, parce qu'elle l'intéresse davantage.

Mais à l'institution du langage commence une nouvelle propriété des signes, qui devient bientôt leur propriété principale, et qui mérite d'être soigneusement observée. Le signe alors ne détermine plus seulement la présence des idées dans notre esprit, il sert aussi à nous les faire remarquer. Il ne distrait plus l'attention ; mais il la dirige sur elles. S'il en obtient lui-

même un regard, c'est pour le leur renvoyer encore. Il cesse d'être intéressant
pour l'esprit, ou s'il l'est encore, ce n'est
que parce qu'il lui sert de moyens pour
arriver aux idées sur lesquelles il a besoin
de se fixer. Un nom quelconque pris en
lui-même n'est rien pour nous; il est sans
rapport sensible à nos besoins, l'attention
ne s'arrête point sur lui, ne se concentre
point en lui. Il ne fait que lui servir de
*conducteur.*

On voit quel avantage cette nouvelle
propriété donne aux signes du langage sur
tous les autres. Comme les forces de l'attention sont bornées, un signe qui en
excitant les idées partage cette attention
avec elles, ou peut-être même l'attire plus
fortement qu'elles, nuit sensiblement à la
clarté de la connoissance que nous eussions
prise de ces idées; elles ne les laisse appercevoir que dans une sorte de lointain obscur
et confus. Mais le signe qui ne se montrant
que pour exciter les idées, ne détourne
point l'esprit de l'attention qu'il leur doit,
qui leur envoye même la lumière dont il
étoit frappé, un tel signe seconde merveilleusement les opérations que nous avons

besoin d'exécuter sur ces idées ; il n'est pour nous qu'un instrument et jamais un obstacle.

Mais les signes du langage n'exercent point toujours au même dégré, ni en la même manière, cette fonction de *conducteurs*. Elle se trouvent modifiée, et selon la nature des idées que ces signes représentent, et selon la nature des signes eux-mêmes. En examinant l'influence de ces deux ordres de circonstances, nous apprendrons à connoître comment les signes peuvent être des instrumens plus ou moins parfaits, plus ou moins utiles.

Je commence par étudier comment les fonctions diverses que les signes remplissent, se trouvent modifiées par la nature des idées qu'ils représentent ; et cette classe d'idées que j'ai appelées *images simples*, s'offre la première à moi.

Ici se montre de la manière la plus sensible la réunion des deux fonctions d'*excitateur* et de *conducteur* ; ici elles suivent des lois communes. Je dis : *une rose*, je prononce le mot *faim* ; l'idée de la rose, celle du sentiment de la faim se réveillent dans l'esprit ; et l'attention glissant pour ainsi dire sur les mots qui les rappellent, va se fixer sur elles seules.

Si nous passons aux idées abstraites, nous verrons ces deux fonctions se diviser et suivre des lois différentes. En effet, de même qu'il n'y a rien d'abstrait dans la nature, l'imagination ne sauroit non plus se représenter rien d'abstrait. L'idée abstraite ne sauroit donc apparoître seule à l'esprit ; elle se présente toujours à lui entourée des idées qui s'unissent à elle dans l'image sensible dont elle est détachée, et que j'appelerois son *complément sensible*. Il n'existe point d'homme abstrait, l'esprit n'en imagine jamais ; et lorsqu'il veut étudier l'espèce, c'est dans l'individu qu'il la contemple. Un signe ne peut donc éveiller l'idée abstraite toute seule et dans cet état d'isolement où nous voulons la considérer. Il éveille avec elle tout l'ensemble du complément sensible qui lui appartient ; et lorsque je dis : *l'homme*, ce mot me rappelle inévitablement quelqu'homme en particulier.

Ainsi le signe dans sa fonction d'*excitateur*, n'appartient pas seulement à l'idée abstraite, mais encore à toutes celles qui

forment son complément sensible. Seulement il appartient plus spécialement à
celle-là, parce qu'il s'y trouve plus constamment lié ; pendant qu'il ne s'unit point
toujours aux mêmes idées complémentaires. Car en disant l'*homme*, je peux également penser à *Pierre* ou à *Paul*, je me
rappelle tantôt l'un , tantôt l'autre ; dans
les comparaisons dont l'abstraction est résultée, l'idée abstraite est toujours demeu-
rée commune , les complémens ont toujours été variés.

Mais c'est en sa fonction de *conducteur*
que le signe va restreindre ce qu'il y avoit
de trop vague et de trop étendu dans ce
premier effet ; et c'est proprement cette
seconde fonction qui le constitue *signe* en
cette rencontre. Non-seulement il n'absorbe point en lui-même l'attention de
l'esprit, mais encore il ne lui permet point
de s'arrêter sur les idées complémentaires;
il la porte directement sur l'idée abstraite,
il la concentre en elle seule. Ne pouvant
éviter d'éveiller plus d'idées qu'il n'étoit
nécessaire, il enseigne du moins à l'esprit
celles auxquelles il doit s'attacher ; et il
fait en sorte que si les autres s'introduisent

aussi, elles soient cependant le moins im-
portunes qu'il est possible.

Quoique les deux principales fonctions
du signe ne s'accordent point entr'elles,
ne s'exercent point d'une manière uniforme, lorsqu'il doit nous représenter une
idée abstraite, il ne faut point craindre
que, si le langage est bien fait, il en puisse
résulter un obstacle à l'effet qu'on doit
attendre de lui, soit dans le commerce que
les hommes ont entr'eux, soit dans ces
méditations où un seul individu s'entre-
tient avec lui-même. En effet, le but qu'on
se propose en parlant, est de faire connoître la pensée qu'on a dans l'esprit. Pour
y réussir, il faut deux conditions essentielles ; la première, que les idées dont
cette pensée se compose soient présentes
à l'esprit de celui qui nous écoute, la seconde, qu'il y donne attention ; car que
sont dans l'esprit des idées qu'on y remarque à peine ? Il en est de même dans
la méditation, et pour des raisons semblables. On ne découvre les rapports d'une
idée qu'autant qu'on la remarque ; l'esprit
n'existe que dans sa seule attention. Il
n'importe donc pas précisément que la

signe, en qualité d'excitateur, éveille telle ou telle étendue d'idées, pourvu qu'il excite justement celles qu'on a besoin de remarquer, et qu'il ne dirige l'attention que sur elles seules.

Je passe aux idées complexes, et je commence par celles que j'ai appelées *idées complexes du premier ordre*. J'en ai distingué quatre espèces ; les idées complexes *sensibles*, *sensibles abstraites*, *abstraites-mixtes*, enfin les idées complexes des *modes simples*.

1°. Le signe d'une idée complexe sensible remplit, à-la-fois, le signe d'*excitateur*, et celui de *conducteur* de l'attention, par rapport aux idées sensibles élémentaires dont elle se compose. Seulement sa fonction de conducteur est ici plus étendue, et il nous prête en cette occasion un nouveau service. Car il ne se borne pas à nous faire remarquer chacune d'entr'elles; il nous annonce que nous devons les envisager comme formant un seul tout, en même tems qu'il nous aide à les envelopper en effet d'un commun regard. Il prête en quelque sorte, à leur réunion, sa propre unité ; il réfléchit sur toutes à-la-fois la lumière dont il jouit; il devient pour l'esprit comme un centre commun, dans lequel il les apperçoit, comme un pivot auquel il les rattache.

Sans le signe de l'idée complexe, nous n'aurions guères en elle qu'une pluralité d'images; avec ce signe, nous avons un véritable tableau.

2°. Pour concevoir la manière dont le signe se comporte à l'égard de ces idées complexes qui résultent d'idées abstraites et variées, il n'est besoin que de se rappeler ce que nous avons dit du rôle qu'il joue à l'égard de l'idée abstraite élémentaire, et de supposer qu'il nous aide ensuite à les rassembler dans une attention commune, comme il le faisoit par rapport à l'idée complexe sensible. Il y a donc ici trois opérations dues aux signes : la première, est le réveil de cette idée abstraite élémentaire, accompagnée de son complément sensible; la seconde, l'acte par lequel l'attention détache cette idée abstraite de son complément; enfin, la troisième, celui par lequel elle rassemble toutes ces abstractions qu'elles a formées. Ainsi, la fonction d'excitateur, celle de conducteur ont ici, sous deux rapports différens, une différente étendue.

3.º Il n'est besoin que de réunir les observations que nous venons de faire sur les deux premières especes d'idées complexes, pour comprendre le secours que nous retirons des signes, par rapport à celles qui sont formées de leur mêlange. Ici, l'action des signes est encore plus variée, quoiqu'elle ne s'exerce en aucune manière nouvelle.

4.º Cette action est beaucoup plus simple à l'égard des idées de la quatrième espèce, soit que nous considérions les signes agissant comme excitateurs des idées, ou comme conducteurs de l'attention. Comme excitateurs d'abord, ils éveillent sans doute et l'idée abstraite élémentaire et le complément sensible qui lui appartient ; mais une fois ce premier réveil produit, ils n'ont plus rien de nouveau à nous retracer, ils n'ont point besoin d'agir sur nous en vertu d'aucune autre liaison ; ils se bornent seulement à nous faire répéter un certain nombre de fois la même image, comme l'ouvrier qui, avec le même moule reproduit plusieurs fois la même empreinte.

Ce n'est, en quelque sorte, que l'exercice continué de la même puissance.

Comme conducteurs, ensuite, ils doivent sans doute nous faire détacher par l'attention, l'idée abstraite fondamentale ; mais ce travail une fois exécuté sur elle, se trouve accompli d'avance pour chacune de ses compagnes, puisque c'est la même abstraction tirée du même fonds. Il ne s'agit que de prolonger la ligne de démarcation tracée sur la première ; une seule opération donne toutes les autres. Et quant à cet acte qui consiste à les réunir, il est évident qu'il devient beaucoup plus facile. En effet, lorsque les élémens étoient variés de leur nature, on se trouvoit contraint de faire pour chacun les frais d'une attention distincte, afin de ne point confondre les traits qui les caractérisoient, et cette attention séparée ne pouvoit être accordée qu'aux dépens de celle qui devoit les rassembler ; mais lorsque l'attention n'est plus appelée à s'interposer entre eux pour les étudier à part, lorsqu'elle n'apperçoit rien de singulier dans chacun d'eux, et qu'ils lui présentent tous des couleurs semblables, alors elle a besoin, pour les sommer, d'un bien moindre effort. Elle les voit en quelque sorte tous dans un seul, et la communauté de leurs rapports prépare celle du regard qu'ils obtiennent.

Les quatre classes d'idées que je viens de parcourir se retrouvent dans le second ordre de composition, comme dans le premier ; les mêmes réflexions s'y appliquent. Seulement elles s'y trouvent modifiées par une observation générale ; c'est que les signes n'agissent plus ici d'une manière directe et immédiate, quelle que soit la fonction qu'ils exercent.

En effet, le signe de l'idée complexe du second ordre ne réveille point lui-même dans l'esprit, les idées élémentaires dont elle est formée, puisque leur faisceau est trop étendu pour qu'on puisse les contempler dans son ensemble. Il se borne à nous rappeler les signes des idées intermédiaires qui ont servi de moyen à leur combinaison. Il emprunte ensuite la vertu excitatrice de ces seconds signes, pour retracer en détail les élemens qui leur appartiennent. Quelquefois il aura besoin d'appeler à son secours plusieurs séries de signes intermédiaires, et la chaîne par laquelle il nous reportera aux idées premières, sera d'autant plus longue, que la combinaison elle-même étoit plus étendue.

Les signes des idées complexes du second ordre sont donc plutôt des *signes de signes*, que des signes d'idées. Nous pourrions les comparer à ces papiers-monnoie, à ces billets de banque qui ne sont point par eux-mêmes, comme l'argent, des moyens d'échange, parce qu'ils n'ont aucune valeur intrinsèque, mais qui reçoivent cependant de nos conventions le pouvoir de circuler dans le commerce, parce qu'ils représentent alors le numéraire que nous pouvons à volonté nous procurer avec leurs secours.

Il en est de même de la manière dont s'exerce ici dans les signes, la fonction de conducteur. L'attention éveillée par la présence du signe, ne se dirige point de suite sur les idées premières qui servirent de base à la combinaison ; elle se porte d'abord sur les signes qui nous sont rappelés ; elle se réunit ensuite en particulier, et tour-à-tour, sur chacun d'entr'eux, pour atteindre ou aux idées qu'il excite, ou du moins aux signes qu'il représente lui-même , jusqu'à ce que, de cascade en cascade, elle soit redescendue jusqu'aux élémens primitifs dont on étoit parti. Ainsi, le signe du second ordre ne nous montre point les objets, mais seulement la route qu'il faut suivre pour les découvrir ; il est pour nous comme le gardien extérieur d'un palais, qui se borne à nous en ouvrir l'entrée , et nous remet ensuite à la direction d'autres guides pour le visiter en détail.

Cependant, comme nous sommes accoutumés à regarder nos signes comme représentant nos idées, lorsque nous réunissons ces idées sous un dénominateur commun , nous pensons vraiment les assembler en un centre unique, et nous ne voyons plus seulement en elles les caractères qui constituent la notion particulière de chacune d'elles , mais nous les considérons encore comme les parties d'un seul tout ; en sorte que ce signe simple , en même-tems qu'il nous énonce des idées que nous n'appercevons pas, mais qu'il nous donne la faculté d'obtenir, nous exprime aussi la condition de leur liaison en une commune unité.

Et qu'on ne pense pas qu'il seroit indifférent pour nous de représenter toutes ces idées élémentaires par une série de signes capables de les montrer à notre esprit ; car, outre que le signe simple, sous lequel nous combinons tous ces signes détaillés, abrège singulièrement nos discours et économise ainsi tout-à-la-fois le tems de celui qui parle et de celui qui écoute , il s'offre un grand nombre de circonstances où nous avons besoin d'étudier ces idées dans leur rapport au *tout* qu'elles concourent à former ; et ces rapports deviennent, comme nous le montrerons bientôt , les sujets les plus utiles et les plus féconds de nos méditations.

On peut donc dire qu'il n'existe point réellement pour nous d'idée complexe du second ordre. Car il n'existe d'idées pour l'esprit, que celles qu'il apperçoit; il n'existe, à le bien prendre , que des signes de ces idées. Ces signes représentent pour nous le pouvoir dont nous jouissons pour rappeler tous leurs élémens primitifs , et la volonté que nous avons de donner à ces élémens une attention commune. Nous possédons dans le signe de l'idée du second ordre, comme le marchand dans sa caisse, des sommes cachées pour le moment à nos yeux ; mais dont nous pouvons nous rendre compte en les énumérant en détail, lorsque nous le jugeons convenable.

Les forces physiques de l'hoomme produisent en se déployant, un effet d'autant plus sensible qu'elles s'exercent sur une moindre masse. Il en est de même des forces de son esprit. Les signes qui agiront avec le plus de succès seront donc ceux qui, soit en éveillant les idées, soit en nous les faisant remarquer, devront diviser cette action sur des sujets moins variés. Il faut en conclure qu'après les signes des images simples, ceux des idées complexes de la quatrième classe composées d'élémens identiques, seront ceux qui trouveront dans la nature même de ces idées la raison d'une plus parfaite influence.

Il nous reste à examiner comment cette influence peut être modifiée par la nature des signes.

Nous avons déjà remarqué au commencement de ce chapitre, que les signes antérieurs à l'institution du langage n'exerçoient, à l'égard de nos idées, d'autres fonctions que celles d'*excitateurs*. Si donc, nous voulons considérer la fonction de *conducteur* comme la plus importante de toutes celles qui appartiennent aux signes, si du moins nous la mettons au nombre de celles qui leur sont essentielles, le nom, de *signes* ne conviendra plus rigoureusement aux sensations qui ne servent qu'à exciter en nous certaines idées ; il se trouvera restreint aux seuls élémens du langage.

Mais en restant fidèles aux acceptions que nous avons adoptées, nous nous bornerons à dire que ces premiers signes sont les plus imparfaits de tous, qu'ils ne sont signes que pour l'imagination, pendant que ceux du langage le sont, tout-à-la-fois, pour l'imagination et pour l'attention ; et cette remarque suffira pour tracer entr'eux une ligne de démarcation aussi exacte qu'elle est simple.

Les signes *indicateurs* ont un caractère précisément opposé ; car ils n'exercent que la seule fonction de conducteur : tels sont, par exemple, un grand nombre de ces mots qu'on appelle ordinairement *pronoms démonstratifs* et *articles*, comme aussi quelques prépositions, conjonctions et adverbes, qui ne sont dans nos langues que des signes indicateurs, et qui dirigent l'attention sur les idées exprimées par les signes qui les précèdent ou qui les suivent, sans en exciter aucunes par eux-mêmes.

Ce sont donc encore des signes imparfaits ; car ils supposent ou que les objets nous sont présens à l'heure-même, ou que du moins leurs idées nous sont retracées par d'autres moyens ; ils ne sont dans le langage, ou dans la perception, que de simples auxiliaires ; ils servent à compléter, à déterminer l'effet des autres signes ou celui que les objets qui nous affectent exercent sur nous par leur présence.

Quant aux signes qui réunissent en eux les propriétés de ces deux premières espèces, nous les avons distingués en quatre classes ; signes *naturels, analogues, figurés et arbitraires* (1).

_______________

(1) Quand je dis : signes *arbitraires*, il faut toujours se rappeler que je ne veux point dire par-là qu'il y ait des signes entièrement arbitraires, et dont l'institution du moins n'ait été dirigée par quelque motif ; je veux dire seulement que l'analogie qu'ils conservent est si foible et si éloignée, le motif de leur institution si fort oublié, qu'ils paroissent en effet arbitraires à la plupart de ceux qui les emploient.

1°. Les signes naturels ont été d'abord de simples *excitateurs* ; car ils ne différoient point dans leur origine de ces signes qui ont précédé l'institution du langage, et lorsque employés, ensuite avec réflexion à exprimer les idées dont ils étoient déjà le résultat naturel, ils n'ont plus été considérés comme des faits, comme des choses, mais comme de simples expressions ; ils se sont confondus dans leurs effets avec les signes arbitraires ; je veux dire qu'ils n'ont dû, comme eux, leurs propriétés à aucune analogie, mais uniquement à une longue répétition, avec cette seule différence qu'ils appartenoient à une plus ancienne habitude, et agissoient par conséquent avec une plus grande force.

2°. Le signe arbitraire n'a par lui-même aucun rapport direct à l'idée qu'il représente. Offert à l'œil ou à l'oreille d'un homme qui ne l'auroit point encore connu, il ne lui retrace aucune idée, il ne donne aucune direction à l'attention de son esprit ; l'habitude résultée d'une longue répétition, lui donne seule la faculté de réveiller les idées qui lui ont été associées, et accoutume l'esprit à le prendre pour guide lorsqu'il veut se fixer sur elles. Ainsi, soit comme excitateur soit comme conducteur, sa fonction est aussi bornée qu'elle peut l'être : en excitant l'idée, il ne la rend pas plus sensible ; il trace sa route à l'attention, mais il ne lui prête aucun secours pour la parcourir.

3°. Le signe analogue se montre bien plus efficace. Comme excitateur d'abord, il joint la force de l'analogie à celle de l'habitude ; il réveille donc l'idée tout ensemble, et plus promptement, et plus vivement. Comme conducteur ensuite, il ne se borne point à montrer les objets ; il les rapproche encore de nous ; il tire les idées abstraites de ce monde intellectuel où elles sembloient s'être réfugiées, et il les transporte dans la région des sens ; il rend en quelque sorte présentes les choses éloignées de nous par les distances de l'espace et du tems : il semble réduire pour nous le travail si pénible de la méditation, à la simple action de voir et d'entendre. Semblables à ces fictions des premiers âges qui personnifioient toutes les notions intellectuelles et morales, les signes analogues deviennent, entre les mains de la philosophie, un supplément à notre foiblesse et à notre ignorance, ils semblent ramener les idées les plus abstraites dans le domaine des sens, ils donnent un corps à toutes nos pensées, ils méritent à tous les titres d'être considérés, soit par rapport à l'imagination, soit par rapport à l'attention, comme les plus parfaits de tous les signes.

Cette perfection cependant n'est pas toujours égale ; elle dépend de la nature de l'analogie dont ces signes jouissent. Plus cette analogie sera foible, et plus les signes se rapprocheront de l'imperfection des signes arbitraires ; plus au contraire l'imitation deviendra complette, et plus aussi les effets deviendront puissans. D'ailleurs, nous avons observé qu'il y a deux sortes d'analogies ; l'une que j'ai appelée *sensible* et qui consiste dans le rapport de ressemblance qui lie le signe radical à l'idée élémentaire qu'il est destiné à représenter, ensorte que celui-là devienne comme une image sensible de celle-ci ; l'autre que j'ai appelée *logique* qui se trouve particulière aux signes des idées complexes ou abstraites, et qui consiste dans le rapport de leurs désinences ou de leur composition avec la classification ou la formation de ces idées. Or les signes qui réuniront à-la-fois cette double espèce d'analogie, et qui sous l'un et l'autre rapport présenteront l'analogie la plus complette, auront atteint au plus haut dégré de la perfection possible.

4°. Les signes figurés, considérés sous le rapport d'*excitateurs*, participent aux avantages que nous venons de reconnoître dans·le langage d'analogie. Comme lui, ils exercent un grand pouvoir sur l'imagination ; souvent même ils en exercent un plus grand encore. Quelquefois ils particularisent une idée qui étoit trop générale, ou bien ils simplifient une idée qui étoit trop complexe pour se représenter vivement à l'esprit. D'autres fois, ils appellent à leur secours les circonstances qui accompagnent une chose ou les effets qui en résultent, pour rendre cette chose plus facilement présente elle-même, et l'exciter à-la-fois, à l'aide de plusieurs leviers. Quelquefois, enfin, ils prêtent aux objets des propriétés qu'ils n'ont pas, pour les rendre plus sensibles. Le succès en sera d'autant plus heureux qu'on aura su mieux choisir entre ces divers moyens, ou les réunir en plus grand nombre.

On voit que pour obtenir cet effet, le signe figuré doit souvent exciter plus d'idées qu'il n'est réellement destiné à en représenter ; que souvent même, c'est par ces idées étrangères qu'il commence ; que c'est à elles qu'il doit son influence la plus active. Quelquefois au contraire, il commence par éveiller moins d'idées qu'il n'en doit exprimer réellement ; et il s'attache de préférence, dans le grouppe, à quelques-unes qui lui semblent être douées d'une plus grande énergie. La perfection dont il jouit, comme excitateur, doit donc s'entendre uniquement de la force avec laquelle il éveille les idées, et non point de l'exactitude des résultats auxquels il conduit. Nous aurons occasion de développer encore cette réflexion par la suite.

L'observation que nous venons de faire nous conduit à remarquer l'imperfection qui se trouve inévitablement attachée aux signes figurés, en les envisageant sous le rapport de conducteurs. En effet, ou ils étendent ou ils restreignent trop l'attention de notre esprit. Quelquefois ils interposent entre les objets et nous des formes étrangères, et alors l'attention que nous accordons à celles-ci nuit à l'attention que réclament ceux-là. Quelquefois ils en rassemblent toute la lumière sur une seule face de l'objet, et alors ils répandent, en quelque sorte, des ombres sur les autres, et les masquent à notre vue, en sorte que l'esprit ne discerne plus les diverses parties de son idée, et ne sait plus les réunir en un seul faisceau. Dans tous les cas ils défigurent les formes réelles des objets, ils en dénaturent les proportions, ils gênent la liberté de nos opérations intellectuelles. Qu'importe qu'ils donnent à l'esprit une impulsion plus vigoureuse, s'ils le détournent du sentier qu'il devoit suivre ?

Si donc les signes figurés sont, de tous, les plus efficaces, sous le premier rapport, ils sont aussi, de tous, les plus imparfaits, sous l'autre.

Les réflexions renfermées dans ce chapitre nous conduisent à une conséquence générale, c'est que la valeur d'un signe quelconque peut être définie de la manière suivante :

*La réunion des idées que ce signe nous*

*fait remarquer, ou nous conduit à remar-*
*quer, comme lui étant associées.* Je dis :
*ou nous conduit à remarquer,* pour rendre
cette définition applicable aux signes des
idées complexes du second ordre, qui ne
nous font rien remarquer immédiatement.
Je ne parle que de la propriété qu'ils ont
de nous faire remarquer les idées, parce
que celle de les exciter y est comprise
comme sa condition essentielle, et qu'elle
n'est d'ailleurs nécessaire que comme pré-
parant l'effet de celle-là.

Jusqu'ici en étudiant les propriétés des
signes, nous les avons supposés attachés
d'une maniere fixe et invariable aux idées
qu'ils réprésentent. Nous avons examiné
la force, et non la certitude de leurs
effets. Il importe maintenant d'observer
si ces signes sont en effet toujours fidèles
dans leurs fonctions, s'ils retiennent constamment les idées qu'on veut leur faire
réprésenter, et de faire l'histoire des causes
qui déterminent leur incertitude.

# CHAPITRE NEUVIÈME.

*Des fautes qui ont été commises en faisant les langues et de celles dans lesquelles on tombe en les parlant.*

QUELLES sont les qualités dont la réunion compose une langue bien faite ? Quels sont les vices qui peuvent la rendre défectueuse ?

Nous faisons deux sortes d'emplois de nos signes : tantôt nous en usons pour converser avec les autres hommes, tantôt pour nous entretenir avec nous-mêmes ; ils seront donc bons ou vicieux, selon qu'ils rempliront plus ou moins bien, dans ces deux cas, l'effet que nous avons coutume d'en attendre.

Or nous serons compris des autres hommes, si les signes que nous leur présentons leur retracent précisément la pensée qui nous occupe ; et nous nous comprendrons nous mêmes si le signe que nous fixons en ce moment, nous rappelle bien la même pensée que nous y attachâmes en d'autres circonstances ; car, ainsi que nous le verrons par la suite, l'art de la méditation n'est fondé que sur la liaison que l'homme établit entre sa pensée d'un instant et sa pensée d'un autre instant ; et les signes ne seroient rien pour l'esprit, s'ils n'étoient comme le dépôt où il conserve ses propres connoissances.

La bonté ou le vice d'un signe réside donc toujours dans son rapport à l'idée qu'il réprésente. Le langage de la conversation sera parfait, si ses acceptions sont généralement les mêmes pour tous les hommes qui le parlent ; le langage de la méditation sera parfait, si ses acceptions sont constamment les mêmes dans l'esprit de l'individu qui en fait usage.

Or, comment se fait-il qu'un même terme ne jouit point d'une acception commune et générale, au sein de la société qui en a admis l'usage ? Comment se fait il qu'il ne conserve point une acception constante, dans l'esprit de l'individu qui l'a appris ou institué ?

D'abord, ce n'est point des premiers fondateurs du langage, qu'il eût fallu attendre les soins nécessaires pour en faire un moyen parfait de communication entre eux. Lorsqu'à l'origine des sociétés, les hommes choisirent des signes communs, pour aider, par l'association de leurs pensées, celle qu'ils vouloient faire de leurs forces, ils n'eurent point sans doute le dessein de former une langue systématique et régulière ; d'ailleurs, ils n'auroient guères su comment s'y prendre ; et ce grand art, à peine connu aujourd'hui par nos philosophes, eût-il été soupçonné par des peuplades encore sauvages ? Dans tous les arts, nous n'avons commencé que par des essais, et nous n'avons songé à nous faire de meilleurs instrumens, que lorsque l'expérience nous a montré l'imperfection de ceux dont nous avions déjà fait usage.

Le besoin de se faire entendre fut donc le seul maître des premiers hommes qui apprirent à parler. L'efficacité momentanée de leurs signes, je veux dire la fidélité avec laquelle leurs semblables répondoient à leurs intentions, la prompte et certaine exécution des actions qu'ils avoient demandées, fut aussi la seule règle d'après laquelle ils jugèrent s'ils avoient bien ou mal parlé. Or cette règle fut aussi fautive que le maître qui l'enseignoit étoit aveugle; elle put apprendre à s'entendre suffisamment, dans quelques circonstances particulières, mais elle ne put fonder des acceptions communes et générales.

En effet, les signes qui avoient suffi à quelques individus pour se transmettre réciproquement certaines pensées, ne leur suffirent plus lorsqu'ils voulurent se faire comprendre à d'autres. On sait que deux personnes qui vivent ensemble, s'entendent ordinairement à demi mot; comme leurs idées sont à-peu-près liées selon le même système, elles n'ont besoin que d'en exprimer une seule pour se rappeler tout l'ensemble de celles qui y tiennent. La même chose dut se passer, et d'une manière bien plus sensible encore, parmi les premiers créateurs du langage, avec cette différence remarquable, qu'ils n'étoient point, comme nous, pourvus d'une autre langue qui appartient à la société générale, mais que cette langue privée fut d'abord la seule qu'ils possédèrent, parce qu'elle fut la seule dont ils sentirent le besoin. Les communications d'un individu ne s'étendoient guères qu'à ceux dont il étoit habituellement entouré ; ceux-ci passant à-peu-près dans les mêmes circonstances, se composoient de semblables faisceaux d'idées ; comme ces circonstances étoient simples, ces faisceaux étoient peu variés ; il ne leur étoit donc point nécessaire, pour s'entretenir, de décomposer à chaque fois leurs pensées ; chacun pouvoit achever la pensée de l'autre. Or, à mesure que les rapports qui unissoient deux individus devenoient moins étroits et les circonstances de leur vie moins analogues, ils devoient ajouter quelque chose à leur langage pour en mieux déterminer le sens ; et chacun dut ainsi se faire en quelque sorte autant de langues différentes, qu'il y avoit d'hommes auxquels il avoit besoin de s'adresser.

Cependant l'analogie qui fut, ainsi que nous l'avons expliqué, le premier guide que les hommes prirent dans le choix de leurs signes, et qui forma le caractère essentiel du langage primitif, sembloit devoir le garantir de l'atteinte des équivoques. Mais, outre qu'on se dispensoit souvent, comme on vient de le voir, de produire tout le détail des signes analogues qui correspondoit au détail des idées qu'on vouloit transmettre, l'analogie même, qui existoit entre un signe et son idée, ne fut pas toujours une raison suffisante pour les unir si irrévocablement l'un à l'autre, qu'une autre idée ne pût jamais prendre la place de celle-ci. Plusieurs objets semblables entr'eux présentent à l'esprit une commune analogie, et peuvent également convenir au signe dans lequel on a su la reproduire. Plus la ressemblance des objets sera complette, moins l'analogie aura de pouvoir pour leur affecter des signes distincts, et pour éviter par conséquent qu'ils ne se confondent sous le même signe. Par une raison semblable, plus l'analogie des signes sera foible, et plus aussi se multipliera le nombre des objets qu'ils peuvent servir à représenter, plus il deviendra facile que celui qui est conçu par l'auditeur soit différent de celui auquel pensoit la personne qui parle.

De plus, comme les hommes n'avoient point tous occasion d'étudier les mêmes objets; comme, en les étudiant, ils ne les

saisissoient point toujours sous les mêmes
rapports, mais que la diversité des circonstances, des besoins, des caractères,
donnoit une direction toute différente à
leur esprit, même lorsqu'il s'arrêtoit à
un sujet commun, il dut arriver que l'analogie qui frappoit l'un, échappât à l'autre,
que le rapport qui sembloit à l'un appartenir exclusivement à telle chose, semblât
au second se trouver seulement propre à
telle autre chose, et fût peut-être, aux yeux
du troisième, un rapport général qui conve-
noit à un grand nombre; d'où il est résulté
que le signe imitatif qu'un individu trouvoit très-expressif et exempt de toute
équivoque, ne donnoit peut-être à ses
auditeurs qu'une idée vague et indéter-
minée, ou même leur en suggéroit une
toute différente de celle qu'ils auroient
dû concevoir.

Mais, à mesure que les sociétés devinrent nombreuses et plus civilisées, qu'elles
éprouvèrent des révolutions dans leurs
mœurs, leurs idées, leurs lois, leurs gou-
vernemens, les hommes durent rencontrer
et observer un plus grand nombre d'objets,
ils durent mieux visiter tous leurs rapports;

la variété des circonstances où ils se trouvoient, la variété des points de vue où ils
se plaçoient pour observer, durent devenir
chaque jour plus grandes ; les analogies
qui les avoient frappés dans le principe,
durent donc devenir chaque jour moins
sensibles pour eux ; les analogies qui s'offroient à l'esprit d'un individu, durent se
trouver chaque jour plus éloignées de
celles qui s'offroient à un autre individu.
Chacun dut avoir une manière très-diffé-
rente d'envisager et les choses, et les signes,
et par conséquent leurs rapports. L'analogie ne put plus être une règle constante
et universelle ; quoique fixe dans son principe, elle devint incertaine et variable
dans son application. Semblable à un fleuve
dont les eaux, en s'éloignant de leur source,
s'altèrent et se dénaturent par le mélange
de celles qui viennent s'y confondre dans
sa route, le langage primitif, chargé des
inventions de chacun, n'offrit plus, au
lieu de cette imitation originale qui le ca-
ractérisoit, que des indices vagues, qu'un
assemblage confus et irrégulier d'institutions capricieuses et arbitraires.

On eût cependant prévenu les inconvéniens attachés à l'usage d'un langage arbitraire, si, par une convention générale et précise, on se fut accordé à déterminer la valeur dont jouiroit chaque signe. On eût trouvé alors dans le souvenir de cette convention fondamentale, ce guide commun qu'on ne rencontroit plus dans la nature même des mots employés. Mais cette convention n'eut jamais lieu ; elle étoit même impossible, tant que la véritable génération des idées n'étoit point encore connue. Il n'y eut donc que quelques conventions partielles ; encore furent - elles très - imparfaites, et se formèrent-elles le plus souvent sans aucun dessein réfléchi.

Trois causes empêchèrent cependant que le langage, en perdant ses anciennes analogies, ne devînt entièrement indéterminé. La première fut le besoin même de s'entendre, devenu plus fréquent depuis que les relations des hommes s'étoient multipliées, et devenu bien plus puissant aussi, depuis que ces relations avoient commencé à former la portion la plus essentielle de leur bonheur. Chacun cherchoit donc à se rapprocher, le plus qu'il lui étoit possible, des acceptions qu'il supposoit à ceux avec lesquels il devoit s'entretenir, et comme la chaîne des communications, s'étendant de proche en proche d'un individu à l'autre, embrassoit la société toute entière, il naissoit de ce commerce continu, des habitudes générales qui tenoient lieu de conventions positives, et fixoient au moins les traits principaux des idées qu'on attachoit à chaque signe.

La seconde cause fut dans l'unité du gouvernement, des lois, des opinions religieuses qui se trouvoient établies dans une contrée. Chacune de ces institutions générales avoit un langage qui s'adressoit à la fois à la société toute entière, et que tous ses membres avoient un grand intérêt à étudier et à bien entendre. Ces divers langages venoient faire partie de la langue universelle, y portoient les acceptions communes dont ils avoient été revêtus.

La troisième cause enfin fut l'influence qu'exercèrent les écrivains, et les lumières qui sortirent de l'école des philosophes. Cette influence devint plus grande chaque jour, à mesure que l'esprit humain fit de nouveaux progrès, et que l'émulation de la science devint plus générale. Les livres sur-tout contribuèrent à ramener les hommes à un langage commun. Car ils établissoient une correspondance d'idées bien plus étendue ; la parole n'avoit pour elle qu'un instant rapide et un petit nombre d'auditeurs. Les livres passoient de main en main, voyageoient par-tout, et survivoient à leurs auteurs. L'invention de l'Imprimerie, en rendant encore leur multiplication plus rapide, leur usage plus facile et plus durable, donna une nouvelle et prodigieuse activité aux heureux effets que leur circulation devoit produire.

Dans le nombre des écrivains et des philosophes, distinguons ceux qui s'occupèrent particulièrement de la grammaire, et ne nous étonnons point si leurs travaux parurent si précieux, leur rôle si important, à l'époque où presqu'aucune science n'avoit encore sa langue.

Cependant, à côté de ces causes dont l'action salutaire tendoit à rendre le langage plus uniforme, s'élevèrent d'autres causes qui, quoique émanées de la même source, produisirent un effet tout contraire, et protégèrent les vices qu'avoit portés dans les signes, le travail de leur institution. D'abord tous les hommes n'avoient point été conduits à se former la même idée des propriétés attachées à certains objets ; ainsi quoique l'universalité des communications les eût conduits à désigner ces objets par les mêmes noms, ces noms n'avoient point à leurs yeux une constante valeur. Tous, par exemple, s'accordoient à donner les noms d'*or* et d'*argent* aux métaux employés pour les monnoies ; ils joignoient aussi à ces mots les idées d'une certaine couleur, d'une certaine pesanteur ; mais celles de leur ductilité, de leur fusibilité, etc., ne s'y lisoient que dans l'esprit d'un petit nombre. Le mot *homme* représentoit un bien plus grand faisceau d'idées dans l'esprit d'un philosophe, que dans celui d'un laboureur. La variété des passions, des intérêts, des préjugés, des habitudes, modifiant dans l'esprit de chacun les notions qu'il s'est formé des choses, modifie par-là même l'acception qu'il donne à leurs noms. L'avare décore du nom de sage économie, une action que nous flétrissons de celui de *sordide*. L'ambitieux et le sage font des mots *grandeur* et *bassesse* un emploi diamétralement opposé, de même qu'on appelle riche au village, l'homme qu'on appelle pauvre à la ville.

La diversité des institutions établies chez une nation qui parloit le même langage, déterminoit aussi une semblable variété dans les interprétations. L'idée attachée au mot *liberté*, n'étoit pas la même à Sparte et à Athènes. Le mot *loi* ne signifioit pas la même chose aux yeux d'un Persan ou d'un Grec ; l'un y voyoit la volonté de tous, l'autre n'y appercevoit que celle du souverain. La diversité des opinions religieuses, morales ou philosophiques, fit naître encore mille acceptions inconstantes parmi leurs partisans. Le nom de la vertu retentissoit également au Portique et au Lycée, le philosophe d'Abdère le répétoit dans les carrefours d'Athènes ; mais que d'idées contradictoires n'en rapportoient pas cependant ceux qui fréquentoient ces diverses écoles ! Les disciples de Thalès, ou les initiés de Pythagore eussent-ils été entendus des sectateurs de Démocrite et d'Épicure, en leur parlant de divinité, d'ame, de nature, de sagesse, de bonheur ? Les factions politiques elles-mêmes se créèrent, suivant leurs intérêts, autant de langages divers, dans une langue commune. Caton et César excitoient tous deux leurs partisans aux noms sacrés de République et de Patrie. Mais ce qui porta sur-tout dans les signes une plus grande indétermination, ce fut l'abus qui en fut fait par l'ignorance, la présomption ou la mauvaise foi, cette témérité avec laquelle tant de faux savans se hasardèrent de parler de choses qu'ils ne savoient pas, cette obscurité affectée de tant de chefs de sectes qui pensoient se rendre plus respectables, en se rendant plus incompréhensibles, cette loquacité exubérante de pédans, aussi féconds en discours, que vuides d'idées, toujours prêts à résoudre, avec des mots, les difficultés élevées sur les choses; ce fut l'incertitude, jettée si souvent à dessein sur les lois et les conventions; ce fut l'art pernicieux avec lequel les sophistes, les rhéteurs et les séducteurs de tous les tems, surent égarer, par de subtiles équivoques, la confiante docilité du public; ce fut le funeste hommage rendu à de puérils jeux de mots; ce fut la couleur poétique dont on se plut à révêtir les questions les plus abstraites de la philosophie ; ce fut l'usage trop abondant des expressions figurées, dans les recher- ches métaphysiques ; ce fut enfin cette érup- tion de questions frivoles, de vaines subti- lités, qui se répandit bientôt dans les écoles, et fit succéder par-tout la ridicule passion de la dispute au saint amour de la vérité.

La poësie et l'éloquence, ces deux arts dont la naissance précéda toujours celle de la philosophie, par la raison très-sim- ple que l'imagination qui sait nous plaire, aura toujours le pas sur l'austère raison qui ne fait que nous éclairer, la poësie et l'éloquence, dis-je, s'emparant des langues à peine créées, contribuèrent très-effica- cement à en rendre les acceptions vagues et incertaines. Les mots employés dans leurs acceptions propres et littérales, ne leur semblèrent point des instrumens assez ef- ficaces pour exciter en nous de vives ima- ges ou d'énergiques sentimens. Ils emprun- tèrent donc ceux qui leur sembloient pro- duire un plus heureux effet ; ils n'hésitè- rent point à sacrifier l'exactitude à l'harmo- nie. Souvent même ils durent leur succès à l'écart qu'ils nous firent commettre. On leur permit tout, on leur pardonna tout, car ils avoient su nous plaire. Que dis-je ? On admira l'habileté même qu'ils avoient à nous séduire ; nos applaudissemens leur créèrent de nombreux disciples, et voilà peut-être le plus grand mal qu'ils nous firent. En corrompant notre langage, ils semblèrent l'embellir ; en introduisant de nombreux abus, ils surent nous les faire aimer, et l'influence de l'exemple, soutenu par l'attrait du plaisir, dut les multiplier encore.

Les langues lorsqu'elles furent instituées suffisoient sans doute à-peu-près aux besoins de leurs fondateurs. Mais comme chaque jour les idées se multiplioient, ou par de nouvelles observations, ou par une nouvelle comparaison des observations qui avoient été faites, bientôt la langue se trouva trop pauvre pour fournir à chaque idée son signe propre et particulier. Que faire donc ? grossir encore le dictionnaire des langues, à mesure que l'esprit étendoit le cercle de ses connoissances ? Mais la mémoire se seroit effrayée du nouveau travail qu'on eut exigé d'elle. Chargée déjà de trente ou quarante mille mots, eut-elle consenti à en recevoir un nombre, quatre ou cinq fois plus considérable ?

D'ailleurs, l'introduction d'un nouveau signe exigeoit un crédit dont peu de personnes eussent osé se croire enpossession. transmises aux enfans par leurs pères, consacrées par l'usage des siècles ; fondées sur un assentiment général, et devenues en quelque sorte une loi de la société, les langues sembloient pouvoir ne reconnoître l'autorité d'aucun individu. Et lorsque le meilleur écrivain, dans les vues les plus légitimes, avoit le courage de proposer quelque expression nouvelle, quelle nuée de puristes ne s'élevoit pas tout d'un coup pour repousser cette entreprise comme la plus dangereuse innovation (1)! On trouva donc qu'il étoit

_______________

(1) Les allemands jouissent, à cet égard, d'une liberté que les français n'ont point. Il est permis à un auteur d'emprunter un mot d'une langue étrangère, ou de se former avec les mots simples de sa propre langue, un nouveau mot composé, lorsque dans le nombre des expressions admises ou usitées, il n'en trouve point qui soit propre à rendre sa pensée, ou

plus simple d'emprunter pour chaque idée nouvelle, le signe de l'idée la plus voisine, de multiplier les acceptions, au lieu de multiplier les mots. Ces acceptions nouvelles reçurent la sanction de l'usage général, parce qu'on en sentoit également le besoin. Mais cette liberté une fois prise et autorisée, on s'est cru en droit d'y recourir encore, et de détourner un mot du sens reçu, dans chaque circonstance où l'on a pensé que les acceptions ordinaires étoient insuffisantes. Personne n'a réclamé contre ces tentatives, par ce que du moment où l'on n'altéroit point les mots, il ne sembloit pas qu'on changeât quelque chose au langage, et parce qu'il importoit peu qu'on intervertît la marche

_______________

même lorsqu'il se promet de cette innovation un plus haut dégré d'élégance, de clarté, ou d'énergie.

Lorsque je fais observer que la pauvreté des langues a nui à l'exactitude des acceptions, en forçant de multiplier les idées attachées à un seul signe, je ne prétends point dire cependant que la liberté de recourir à de nouveaux mots, dût dégénérer en licence, et qu'elle ne demandât pas à être sévèrement restreinte. Sans cette sage précaution, on ne feroit qu'augmenter la confusion, au lieu d'y porter remède.

naturelle des idées, dès qu'on respectoit les habitudes de l'oreille.

Chaque signe se trouvant ainsi revêtu de plusieurs valeurs différentes, il eût été besoin pour en rendre toujours l'interprétation certaine et précise, d'avertir, en les employant, du sens particulier qu'on prétendoit leur assigner, et de faire ainsi précéder chaque discours d'une convention spéciale, ainsi qu'en usent quelquefois les philosophes. Mais on n'eut garde de charger ainsi ses entretiens de définitions grammaticales ; personne n'en avoit ni le goût, ni le loisir. D'ailleurs on n'en sentoit pas le besoin ; quelqu'un s'imagine-t-il que ce qui est clair pour lui-même, ne le soit pas également pour tous ? L'un auroit autant rougi de donner une explication, qu'un autre de la demander. Il ne restoit donc d'autre moyen, pour rapprocher l'esprit des deux personnes qui conversoient, que les vagues indices qui résultoient de l'ensemble même du discours et du besoin réciproque que les idées pouvoient avoir les unes des autres.

Enfin il est un grand nombre de circonstances dans lesquelles on attache fort peu d'importance à fixer l'interprétation des signes, lors même qu'on en remarque l'abus: Si les mots ne servoient jamais qu'à stipuler des contrats et des engagemens réciproques entre les hommes, si l'intérêt de leur fortune ou de leur bonheur se trouvoit toujours en danger d'être compromis par un mésentendu, on les verroit sans doute s'arrêter long tems à chaque expression avant de s'en permettre l'usage. Mais le plus souvent les uns ne parlent guères que pour parler, comme le dit une expression vulgaire, les autres n'écoutent guères que pour entendre du bruit. Telles sont toutes ces conversations oiseuses dont le but est toujours rempli quand elles ont servi à tuer le tems ; Telles sont tant de formules de bienséance et de lettres de cérémonie ; tels sont tant de pamphlets destinés uniquement à flatter quelques passions du jour, et à faire vivre leurs auteurs ; telles sont tant de motions populaires, dans lesquelles on remplit par de vains sons les oreilles de la multitude, et dont le succès est toujours assuré dès qu'à une voix éclatante on a su joindre des mots harmonieux et des phrases nombreuses ; tels sont tous ces discours de circonstances, où l'on sait trop bien d'avance ce qui doit se dire, pour songer à les écouter, et dont il est convenu que toutes les conditions sont remplies, dès qu'on a su y placer certains mots d'usage ; telles sont maintes proclamations et manisfestes de ceux qui gouvernent, et dans lesquels on se gêne d'autant moins pour abuser des mots, qu'on est bien convaincu que personne ne les prend au pied de la lettre ; telles sont aussi les déclarations et les promesses de toutes les factions politiques, des séditieux qui veulent renverser un gouvernement, des conquérants qui envahissent un territoire, formules déterminées de tous les tems, également communes à tous les partis et à tous les personnages, où les mots de *paix*, de *justice*, *de délivrance*, de *liberté*, jouent toujours le même rôle ; tels est plus d'un discours accadémique qui ne manquera point de réunir tous les suffrages pourvu que son style soit semé de fleurs, ses transitions ménagées avec art, ses périodes bien arrondies ; telles sont dans les affaires, tant de discussions, où l'on

cherche à s'entourer de vaines circonlo-
cutions, pour mieux cacher le but auquel
on veut tendre , tant d'observations hors
d'œuvre, dont l'unique but est de faire
perdre le véritable état de la question ;
tels sont enfin tant de plaidoyers au bar-
reau, tant de philippiques au sénat, dont on
ne retrancheroit pas une syllabe, quoiqu'on sache fort bien qu'ils ne feront ni
triompher la cause , ni adopter la mesure;
car l'avocat en a besoin pour toucher son
salaire , et l'orateur, pour se faire un nom
dans son parti.

C'est par le concours de toutes ces causes
que le langage s'est trouvé atteint, soit
dès l'époque de son institution , soit dans
l'usage habituel qu'on en a fait, d'un vice
extrême d'indétermination , dont il est résulté, que les hommes qui habitent le
même pays et se servent de mêmes mots,
s'entendent souvent aussi peu que si l'on
adressoit la parole à l'autre dans une langue étrangère. Or, leur triste influence
ne s'est pas bornée à ce premier effet,
et elles nous expliquent encore comme
un seul individu, est si peu fidèle aux
acceptions qu'il s'est faites à lui-même.

D'abord, la facilité que l'on trouvoit souvent à se faire comprendre par des expressions abrégées, dispensant, ainsi que nous l'avons vu, de décomposer sa pensée toute entière pour la traduire, délivroit aussi de l'heureureuse nécessité où l'on se seroit trouvé, de la bien connoître soi-même, avant de la faire connoître aux autres ; et comme il n'est rien dont les hommes sentent moins le besoin que de se rendre compte de ce qu'ils pensent, on n'avoit garde de se livrer à ce travail, dès qu'il ne se trouvoit plus exigé pour la formation dn discours. Or comme l'attention (chapitre 3) est une condition essentielle de la mémoire, moins les idées qu'on avoit voulu exprimer par un signe avoient été remarquées par l'esprit, moins on étoit sûr que ce signe dût constamment en rappeler tout le détail. Lors donc qu'en d'autres circonstances on venoit à s'en servir de nouveau, on n'avoit aucun moyen pour reconnoître si sa valeur présente étoit bien conforme à son ancienne acception. Car comment reconnoître des idées qu'on avoit tout au plus entrevues lorsqu'on les avoit énoncé la première fois ? Comment s'assurer qu'on parle bien toujours le même langage, lorsqu'au moment même où l'on parle, on sait à peine ce que l'on dit ?

En second lieu, de même qu'un signe dont l'analogie correspondoit également à plusieurs objets, pouvoit retracer différentes idées à divers individus, il pouvoit aussi en divers instans rappeler différentes idées au même homme. Car la disposition de son esprit, la direction de son attention, l'état de ses connoissances n'étoient point constamment les mêmes ; et lorsqu'il avoit saisi les objets sous de nouveaux rapports, qu'ils avoient pris à ses yeux une nouvelle forme, l'analogie ne le reconduisoit plus par la même route qu'elle lui avoit fait suivre d'abord. Il ne pouvoit donc guère mieux se confier au caractère imitatif du langage, que se reposer sur la fidélité de sa mémoire.

3°. Lorsqu'on lisoit les écrits d'un philosophe, ou lorsqu'on assistoit à ses leçons, on se faisoit sans doute un devoir de chercher à adopter son langage, afin de parvenir à comprendre sa doctrine. Mais d'abord on n'y réussissoit pas toujours ; et

combien n'a-t-on pas vu de disciples défi-
gurer en effet les systêmes de leurs maîtres , ou se diviser entr'eux sur son véritable esprit ! Ensuite ce maître lui-même
n'avoit peut-être pas donné à son langage
des acceptions très-constantes, soit que ces
inexactitudes eussent échappé à son attention , soit qu'il eût cru devoir changer en
effet sa langue , lorsque ses idées venoient
à s'étendre , soit qu'il employât à dessein
des mots à double sens, ou pour voiler ses
véritables opinions à la multitude , ou pour
fonder des sophismes. Enfin les écrits et
les leçons d'un philosophe ne fixoient notre langue, que pendant les heures consacrées à le lire ou à l'entendre. Mais lorsque ne se contentant point d'un seul livre,
on vouloit faire tour-à-tour connoissance
avec divers auteurs, comme il arrive à tous
ceux qui prétendent au mérite d'un esprit
cultivé , on se trouvoit conduit à changer
autant de fois de langage, qu'on lisoit de
livres différens ; car quel écrivain n'a pas
sa langue particulière ? Mais de tous ces
idiômes divers, il n'en étoit aucun qui se
fixât plus particulièrement dans l'esprit ;
à peine s'appercevoit-on seulement de leur

différence, et le résultat de tant de science, étoit de porter dans les idées encore plus de confusion et d'incertitude.

4°. La pauvreté des langues avoit forcé de lier à un signe, non plus seulement une idée, mais souvent une famille entière d'idées. Afin d'éviter qu'il n'excitât au hasard l'une ou l'autre, et ne parût toujours être le même signe, lorsqu'il remplissoit des fonctions différentes, il eût donc fallu distinguer avec attention ces acceptions entr'elles, et s'arrêter chaque fois à observer quelle étoit celle dont on vouloit faire usage. Mais y avoit-il beaucoup d'hommes capables d'une opération souvent si délicate ; y en avoit-il sur-tout beaucoup qui en eussent, ou la patience, ou le loisir ?

5°. Enfin, par cela seul que nous vivons au milieu d'hommes qui ont presque tous un langage différent, nous sommes, en quelque sorte, dans l'impossibilité de nous en faire un à nous-mêmes qui nous soit propre, et auquel nous demeurions fidèles. Car, dans les rapports variés que nous avons avec eux, nous empruntons de chacun, sans nous en appercevoir, les acceptions qu'il paroît avoir adoptées, et il nous arrive, en voulant parler comme tout le monde, ce qui arrive à ceux qui veulent penser comme tout le monde, et qui ne savent jamais ce qu'ils pensent en effet eux-mêmes.

Si, de ces considérations générales sur la manière dont s'est formée la langue des sociétés, nous descendons à observer la méthode que nous suivons en l'apprenant nous - mêmes, et en la transmettant à nos enfans, nous remarquerons encore de nouvelles fautes ajoutées par nous aux fautes de nos péres, et nous achéverons de sentir quels abus doivent en résulter, quelles réformes seroient nécessaires.

Le mépris qu'on a pour les enfans, est la première raison du peu de soin que l'on met à déterminer l'acception des signes dont on leur apprend à faire usage. Le desir de comprendre, ou d'être compris, entre toujours pour quelque chose dans les conversations des hommes faits ; mais lorsqu'on répond aux questions d'un enfant sur le sens de tel ou tel mot qu'il a entendu prononcer, on cherche bien moins d'ordinaire à éclairer son esprit, qu'à se délivrer de son importunité. L'enfant à son tour n'est inspiré que par le besoin d'une vague curiosité. Il se paye donc de tout ce qu'on veut bien lui dire, et ses maîtres s'en tirent à bon compte. On lui expliquera peut-être un mot par d'autres mots qu'il n'entend pas davantage; n'importe, il a entendu un son; il est satisfait. Ceux qui lui ont répondu le sont aussi; ils ont obtenu ce qu'ils desiroient : ils l'ont fait taire.

Je trouve une seconde raison dans le peu d'importance qu'on a coutume d'attacher au travail par lequel on apprend sa langue naturelle. Or une double erreur nous conduit à cette indifférence. On croit ce travail très-facile, on méconnoit les suites fâcheuses qu'il entraîne quand il est mal exécuté. Quoiqu'on abuse sans cesse des mots, on ne s'apperçoit point des erreurs dans lesquelles cet abus nous fait tomber ; on range le talent de bien parler sa langue parmi ces acquisitions plus brillantes que solides, qui forment comme le poli de l'éducation, mais ne constituent point son essence, et qu'on peut abandonner aux discoureurs et aux beaux esprits. Quoique chacun de nous ait subi le long et pénible noviciat nécessaire pour être initié aux conventions du langage, ce souvenir se perd avec ceux de la première enfance; la mémoire qui naquit en quelque sorte avec l'usage des mots, ne rappelle point les tems qui le précédèrent; l'étroite liaison qui subsiste aujourd'hui entre les signes et les idées, la promptitude avec laquelle ils s'excitent réciproquement dans l'esprit, ne laisse guères soupçonner à quel point ils furent, dans l'origine, étrangers les uns aux autres. Que dis - je ? La plupart des hommes n'attribuent-ils pas aux paroles une vertu intrinséque et naturelle pour exprimer les idées, ne confondent-ils pas les mots avec les choses ? Le moyen de soupçonner, que lorsqu'on a appris aux enfans à répéter les mots, on ne leur a pas tout appris !

Enfin la troisième raison est dans le choix des personnes dont on entoure notre première enfance. Sans doute, c'est dans leurs entretiens continus que nous puisons la connoissance du fonds de notre langue. Une nourrice, des serviteurs, d'autres enfans peut-être plus mal élevés encore, sont toujours nos premiers maîtres, quand ils ne sont pas les seuls. Lorsqu'un instituteur en titre est ensuite appelé pour diriger notre éducation, il se borne à nous débiter ses leçons dans cette langue que nous sommes censés savoir, il n'a garde de s'occuper à nous l'apprendre ; s'il nous y ramène quelquefois, c'est pour nous enseigner les rapports que les mots ont entr'eux, et non ceux qu'ils ont à nos idées, c'est pour nous montrer comment nous devons les assembler en des constructions régulières ou élégantes, et non comment nous devons leur attacher des acceptions exactes et déterminées. Un précepteur se tiendroit pour fort humilié si les parens qui réclament ses leçons, lui annonçoient qu'ils le placent auprès de leur enfant pour lui apprendre à parler ; et cependant.... faut-il le dire ? le plus souvent ils seroient hors d'état de le bien faire.

Qu'arrive-t-il donc, et à quoi doit-on s'attendre en effet, lorsqu'on se donne si peu de peine pour enseigner aux enfans ce qu'on sait déjà si mal soi-même? Sans doute leur oreille s'accoutume à discerner nos paroles, et leur bouche à les imiter. Mais ont-ils jamais occasion de faire un

dénombrement exact des idées qui doivent
y être unies ? Mais en entendent-ils donner deux fois une explication semblable ?
Mais les reçoivent-ils jamais dans un ordre
conforme à la génération des idées qu'ils
représentent ? Passent-ils toujours du sensible à l'abstrait, du simple au composé,
sans omettre aucun des intermédiaires qui
les séparent ? Classent-ils les mots à mesure
qu'ils les introduisent dans leur mémoire ?
Reçoivent-ils quelques secours pour discerner les nuances délicates qui distinguent
si souvent leurs acceptions ? Que dis-je ?
Ne s'amuse-t-on pas des équivoques qu'ils
commettent ! Ne leur applaudit-on pas
chaque fois qu'il leur échappe un mot dont
les idées semblent au dessus de leur âge ?
Leurs maîtres ne se hâtent-ils pas de vouloir leur imposer les notions les plus abstraites, avant qu'ils ayent pu faire les réflexions, et exécuter les comparaisons
qu'elles supposent, et que leur attention
ait acquis assez de force pour les fixer ;
semblables à ces conquérans absurdes qui,
débarquant sur les côtes de l'Amérique encore sauvage, venoient signifier en latin
ou en espagnol, aux peuplades qui l'ha-

bitoient, les volontés d'un souverain, dont ils ignoroient et les titres, et l'existence ?

Encore, ai-je tort de dire qu'on apprend le langage aux enfans ; ils l'apprennent bien plutôt eux-mêmes. On se borne à leur expliquer les premiers signes, ceux dont l'usage est plus nécessaire et le besoin plus pressant ; puis on les abandonne à leur propre intelligence. On parle devant-eux, mais non pour eux. On parle devant-eux de choses qu'ils ignorent, ou dont ils n'ont qu'une connoissance imparfaite. Cependant ils nous écoutent, leur curiosité excitée par le mystère lui-même qui semble caché sous nos paroles, les rend avides de pénétrer dans le sujet de nos entretiens. Faute de pouvoir se faire expliquer la valeur des signes, ils cherchent du moins à la déviner ; ils remarquent les circonstances dans lesquelles ces signes sont émis, et les effets dont leur émission est suivie. Ces remarques leur tiennent lieu de définitions. Mais, quelles définitions ! ils n'ont ni les données nécessaires pour se mettre en effet à notre place, et concevoir notre pensée, ni le loisir convenable pour rassembler les données qu'ils possédent. La conversation est comme un torrent rapide qui entraîne leur esprit, et l'arrache à la réflexion. Ils retiennent quelques-unes des phrases qu'ils ont entendues; ils les répètent au hasard, d'après les vagues indices qu'ils ont pu saisir ; on est surpris ; ils s'en apperçoivent, ils triomphent, ils s'empressent de faire de nouvelles remarques, pour pouvoir dire d'avantage, et ne se mettent pointen peine de mieux dire.

# CHAPITRE DIXIÈME.

*Suite du précédent. Quelles sont les idées, dont les signes se sont plus particuliérement ressentis des fautes commises dans l'institution et l'emploi du langage.*

En exposant le détail des causes qui ont porté une si grande imperfection dans notre langage, je me suis borné à considérer l'influence générale qu'elles exercèrent sur tous les signes, quelle que fût l'espèce d'idées à laquelle ils eussent été attachés. Mais cette influence n'a pas toujours été aussi active, elle n'a pas toujours rencontré les mêmes obstacles, et la différence des effets qui en sont résultés mérite d'être étudiée avec soin.

1°. Pour que deux hommes qui conversent se comprennent parfaitement l'un l'autre, il faut que la même idée soit à la fois excitée dans leur esprit, et remarquée par leur attention. Or, cette fin sera plus aisément remplie, lorsqu'on deman-

dera à la fois un moindre effort à l'attention et à la mémoire ; d'où il faut conclure que les signes des idées sensibles
seront de tous les moins exposés à recevoir des acceptions vagues et incertaines,
et que, dans leur nombre, les signes des
idées les plus simples, seront ceux qui jouiront plus particuliérement de ces avantages.

Une idée se réveille d'autant plus facilement dans l'esprit, qu'elle offre plus de
prise à l'imagination ; or, tout est pour
l'imagination dans les idées sensibles. Une
idée sera d'autant plus facilement remarquée qu'elle se distingue des autres, par
des nuances plus prononcées ; or, les idées
sensibles ont déjà un caractère qui ne
permet point de les confondre avec les
idées abstraites ou complexes ; de plus, les
diverses impressions que nous recevons par
les divers organes, ou même les diverses
familles de celles qui nous parviennent
par un seul, portent chacune autant
de configurations particulières, entre lesquelles il n'existe souvent qu'une très-foi-
ble analogie. Qui ne distinguera un son
d'une couleur, et le rouge du blanc ou
du noir ? Ces idées, sur-tout lorsqu'elles

sont simples, n'exigent aucune opération de l'esprit. Pour les remarquer, il suffit d'avoir des yeux ou des oreilles; pour se les retracer, il suffit de se rappeler qu'on a senti.

L'analogie nous prête plus généreusement ses secours, lorsque nous voulons peindre un objet sensible; l'effet de l'imitation est plus assuré, à proportion que l'objet qu'elle reproduit est plus simple.

Les idées sensibles sont ordinairement celles à l'égard desquelles les hommes ont, ou du moins croient avoir un intérêt plus pressant à se bien entendre. Car les conversations qui roulent sur des objets sensibles, ont presque toujours un rapport immédiat aux besoins physiques et journaliers de la vie. Si un maître ordonne à son serviteur de lui apporter à dîner, il seroit fort mécontent que celui-ci lui apportât en réponse son bonnet de nuit et sa robe de chambre. Le serviteur n'est pas moins intéressé à satisfaire exactement à la demande de son maître, pour ne point s'exposer à ses reproches. Les entretiens des sauvages, toujours commandés par la nécessité du moment, ne roulent jamais

que sur des idées sensibles; aussi, quoiqu'ayant entr'eux bien moins de rapports
que nous n'en avons les uns avec les
autres, savent - ils beaucoup mieux se
comprendre ? Il se commet bien moins
d'équivoques dans un marché de village,
que dans le salon, où une société de beaux
esprits se rassemble pour disserter.

Enfin, si deux ou plusieurs individus
ne s'entendent point sur l'idée sensible
qu'ils attachent à un signe, ils ont toujours auprès d'eux un tribunal auquel ils
peuvent en appeler, ils portent toujours
entre leurs mains une sorte d'étalon commun auquel ils peuvent rapporter leurs
mesures réciproques. L'expérience est là;
elle les avertit bientôt de leur mésentendu, elle les rappelle bientôt à un
même langage. Ainsi un peintre peut donner telle physionomie qu'il juge à propos
à une personne de l'antiquité ; mais s'il
a voulu faire le portrait d'une personne
vivante, il n'est besoin que de la faire
paroître, pour juger de l'exactitude de la
ressemblance, et du mérite de l'ouvrage.

2°. Une idée abstraite ne s'obtient pas ,

comme une idée sensible, par un seul acte de l'attention. Elle suppose la comparaison de plusieurs objets, et l'analyse de leurs propriétés. Or, il est possible que tous ces objets ne soient point connus des personnes auxquelles on s'adresse, ou qu'elles n'aient point exécuté à leur égard toutes les comparaisons nécessaires, pour arriver à l'abstraction qu'on veut exprimer. C'est donc en vain qu'on leur en présenteroit alors le signe; il ne sauroit leur retracer des idées qu'ils n'ont pas; il faudroit que celui qui parle pût, en leur faisant entendre sa voix, leur transmettre aussi toute sa science.

Mais lors même que deux interlocuteurs ont en effet des idées communes, chacun d'eux peut bien ne pas se les retracer au même instant. Car, pour y parvenir, il faudroit que chacun d'eux repassât sur toute la suite des opérations par lesquelles elles ont été obtenues; or, il est très-facile que l'un ou l'autre ne remplisse pas ce devoir avec une scrupuleuse exactitude. En effet, le plus souvent on ne conserve pas un souvenir bien fidèle des comparaisons qu'on exécuta. Le peu d'attention qui y fut apporté n'en laissa pas subsister des traces assez sensibles ; le peu d'habitude qu'on a de s'en rendre compte achève de nous les faire oublier. L'esprit toujours livré aux besoins du moment s'occupe peu d'observer les routes par lesquelles il passe, et ne sait plus les retrouver ensuite. En second lieu, on a rarement le loisir de s'arrêter à cette recherche. L'empressement qu'a celui qui parle, d'arriver à son but, la curiosité non moins impatiente de celui qui écoute, le besoin qu'éprouve le premier de profiter de l'attention qui lui est accordée, pour tout dire, la nécessité où est le second de suivre la marche rapide du discours, pour tout saisir et tout entendre, ne laissent ni à l'un, ni à l'autre, le tems de se reconnoître. Enfin la paresse naturelle à tous les hommes, l'impatience, la légèreté, l'amour de la nouveauté, tout s'oppose, lors même que nous en aurions le loisir, à ce que nous nous arrêtions sur une idée. C'est une chose vraiment si uniforme et si sèche qu'une analyse philosophique ! Il vaudroit mieux renoncer à parler, s'il n'étoit permis de le faire qu'en se demandant compte de sa pensée.

L'amour propre même à ici son intérêt. C'est un si grand mérite, de parler avec facilité, de saisir avec promptitude ! On diroit qu'il en est de la perfection du langage, comme du prix de la course. Tous les applaudissemens sont pour celui qui, dans le moindre délai, a su parcourir le plus grand espace possible.

Cependant le philosophe lui-même, procédant avec lenteur, et maître de toute son attention, échoue plus d'une fois dans ce travail que nous exécutons avec tant de négligence. Car sans parler ici des circonstances qui nous en distraisent, ce seroit déjà une chose assez difficile en soi, que de bien déterminer la nature d'une idée abstraite. Il faut, d'abord, se défier de notre imagination toujours ennemie de ces sortes de spéculations, toujours empressée à nous en distraire par l'apparition de mille fantômes, toujours prête à substituer des personnages individuels aux formes générales. Il faut une connoissance suffisante des méthodes qui doivent nous servir de guides au milieu des sujets variés, qui seront soumis à nos regards. Il faut une certaine habitude de fixer son attention sur le même objet, afin que ses forces puissent suffire aux secours qu'elle doit nous prêter, et qu'elle ne nous abandonne point, avant que nous soyons arrivés au terme. Il faut une heureuse liberté d'esprit, pour n'être point détourné par les sensations qui nous affectent au moment même. Il faut enfin quelquefois une assez grande pénétration, pour discerner les nuances très-délicates, les rapports très - subtils qui peuvent constituer la différence de deux ou plusieurs idées.

On conçoit que les idées abstraites doivent être moins propres, que les idées sensibles, à recevoir un langage d'imitation. Car outre, que leurs analogies sont difficiles à apprécier, par la même raison que leur nature est difficile à connoître, les sons de la voix, les gestes du corps, les traits de la peinture, offrent ordinairement peu de moyens capables de les bien reproduire. Aussi admirons-nous souvent le talent que la nécessité a donné aux sourds, pour rendre par des gestes, certaines idées que nous chercherions envain à leur transmettre par un procédé semblable.

A proportion qu'une idée sera plus abstraite, que les objets qu'il aura fallu comparer pour l'obtenir, seront plus nombreux, que les comparaisons qui auront du être exécutées, seront plus délicates, tous les inconvéniens que nous venons de décrire deviendront plus sensibles. Mais ils se reproduiront sur-tout d'une manière plus remarquable à l'égard de ces idées que nous appelons *morales* et *intellectuelles*, c'est-à-dire, à l'égard de ces idées abstraites, déduites, ou des opérations de l'esprit, ou des actes de la volonté. D'abord elles exigent, de leur seule nature, un plus grand effort de l'attention, pour être suffisamment remarquées. Un penchant naturel fortifié par une continuelle habitude, porte toujours notre esprit sur la route qui le conduit aux objets extérieurs, en même tems qu'il le détourne de celle qui l'eût ramené à lui-même. Notre intérieur ressemble à ces empires mal gouvernés où tous les individus, à la faveur du désordre, échappent à la surveillance des magistrats. Le sentiment, la pensée sont comme une ombre qui disparoit à l'instant où nous voulons la saisir. On pourroit poser en

principe que rien ne nous est moins connu,
que ce qui nous est plus intime.

D'ailleurs , les sujets sur lesquels sont
établies en cette occasion , les comparaisons et les analyses, ne se rapportent à
aucun modèle extérieur et sensible que
ceux qui conversent puissent fixer en même
tems. Pour obtenir l'idée de *grandeur*, il
suffit de comparer plusieurs corps, en né-
gligeant les autres rapports qu'ils nous présentent. Tous les hommes ont entre leurs
mains la matière commune dont cette notion est formée. Mais je n'apperçois pas
davantage ce qui se passe dans l'ame d'un
autre homme , qu'il ne pénétre ce qui se
passe dans la mienne. Je n'ai aucun moyen
physique de m'assurer si, en formant ses
notions, il part des mêmes faits que moi,
s'il leur fait subir les même analyses. Nous
n'avons chacun , pour nous connoître, que
notre propre conscience ; nous n'avons
pour connoître ce qu'éprouvent les autres,
ce qu'ils jugent , que les effets extérieurs
qui résultent de leurs situations intimes.
Mais une action, une attitude , ne sont
point un jugement, une passion , quoiqu'elles les suivent. Nous sommes donc

forcés de supposer que ces attitudes, ces actions, naissent en eux de dispositions semblables aux nôtres, et de plus que leur conscience répand en eux-mêmes une égale lumière. Or, rien n'est plus hazardé souvent qu'une supposition semblable. Car des principes différens portent quelquefois les hommes aux même choses. Car il est peu d'hommes qui ayent une égale habileté, une égale fidélité à se rendre compte de ce qui se passe en eux-mêmes.

3°. Plusieurs raisons communes font partager aux signes des idées complexes, les inconvéniens auxquels se trouvent exposés ceux qui appartiennent aux idées abstraites. Comme celles-ci, les idées complexes sont le résultat de plusieurs opérations successives dont il faudroit se rendre compte si l'on vouloit marquer avec précision les limites de ces idées. L'attention commune qu'on donne à un groupe d'objets, n'est, ou du moins ne doit être que le résultat de l'attention particulière qu'on a donné à chacun d'eux. Or, nous n'avons guère plus de goût, d'aptitude, de loisir pour ce travail, que pour celui des comparaisons. Il y a même cela de remarquable, que l'usage des idées complexes se rapporte toujours à une de ces deux fins, ou de donner plus célérité à notre langage , ou d'obtenir des effets plus heureux par l'art de concentrer les impressions. Or, à quoi serviroit-il de recourir à un langage abrégé, s'il falloit que l'esprit repasse en détail toutes les idées dont il doit représenter l'ensemble ? Que deviendroient le charme et la grace que l'imagination sait prêter à ses ouvrages, si l'on se permettoit de les disséquer par une analyse métaphysique ; et faudroit-il donc risquer ainsi tous nos plaisirs , pour la triste ambition de devenir un peu plus sages ?

Chacun peut remarquer par sa propre expérience , combien l'étroite connexion que l'habitude a placée dans notre esprit entre les idées principales, qui se trouvent fixées autour d'un signe , met d'obstacles à l'attention distincte que nous aurions besoin de leur donner, pour en faire une complette énumération. A force de les considérer ensemble , nous finissons par les confondre , nous perdons le pouvoir de nous arrêter sur la ligne qui les sépare. Ainsi l'étude des combinaisons a ses difficultés comme celle des abstractions, quoique peut-être elles soient moins générales et moins difficiles à surmonter.

On jouiroit, sans doute, d'une commune mesure pour fixer les acceptions des signes des idées complexes, si, lorsqu'on craint un mésentendu, on pouvoit toujours redescendre aux signes des idées élémenmentaires qui leur servent de fondement. Car celles-ci prêtant toujours moins aux équivoques, il suffiroit de se rencontrer dans le dénombrement qu'on auroit fait, pour être à-peu-près assuré de se trouver d'accord sur l'ensemble. Mais on est, la plupart du tems, dans l'impossibilité de recourir à un procédé semblable, et la pauvreté de nos langues en est la cause. Les idées élémentaires sont souvent dépourvues des signes propres, pendant qu'on en a donné à leurs composés; témoin ce grand nombre de sensations qui n'ont jamais reçu de noms dans nos langues, quoiqu'elles se retrouvent toutes dans les objets que nous étudions, auxquels nous donnons des signes, quoique souvent

même elles forment à nos yeux les caractères distinctifs de leur espèce.

Je n'ai pas besoin de dire que ces observations acquièrent un plus grand degré
de force, à mesure que les idées complexes résultent elles-mêmes d'une plus
haute combinaison. Plus les conditions
qu'elles réunissent deviennent nombreuses, et plus il devient facile d'en omettre
quelqu'une, plus il devient probable qu'on
en omettra quelqu'une en effet.

Enfin, quoiqu'il soit possible de réunir
à un haut dégré les analyses *sensible* et
*physique* dans les signes des idées complexes qui ne s'éloignent pas beaucoup
des idées simples, ces utiles secours se
perdent encore à proportion qu'on s'élève
à de plus vastes compositions. Car alors,
si l'on ne saisit qu'un seul trait de l'objet, l'analogie sera foible et incertaine;
si l'on veut les saisir tous, il faudra un
discours au lieu d'un signe. Exceptons
cependant les idées complexes des modes
simples, qui jouissent à cet égard d'un
privilége particulier, comme nous le montrerons tout-à-l'heure.

On remarquera que c'est de préférence dans le commerce des idées abstraites et complexes, que les sophistes ont dans tous les tems cherché à tromper les hommes. Elles sont comme ces espèces usées dont on a peine à reconnoitre l'effigie, ou bien comme ces billets de banque chargés de tant de désignations, qu'une longue recherche peut seule nous rassurer contre le danger de la contrefaction. Mais combien de gens ont la vue trop basse pour bien examiner la monnoie qu'on leur présente, ou trop d'affaires pour y donner un tems convenable !

Combien de systêmes de philosophie n'ont dû leur apparente nouveauté qu'à l'art qu'avoient eu leurs auteurs, de changer le langage de ceux qui les avoient précédés, et combien d'années n'a-t-il pas fallu souvent pour les remettre à leur vraie place, en reconnoissant l'artifice sur lequel ils étoient fondés ! C'est que ce jugement eût demandé la détermination exacte et la comparaison attentive des idées employées dans les anciens et dans les nouveaux ouvrages ; c'est-à-dire qu'il eût fallu refaire, en quelque sorte, ces ouvrages eux-mêmes.

Une idée revêtue d'un nouveau signe est comme une figure cachée sous le masque, un œil pénétrant et exercé peut la reconnoître, mais elle trompe toujours la multitude.

Combien, au contraire, de sages et profonds esprits ont été méconnus de leurs contemporains, faute d'avoir pu s'en faire comprendre, et n'ont reçu que de la postérité la juste admiration qu'avoient méritée leurs travaux, parce que la postérité seule a su entendre leur langage ! Mais si on n'étoit point parvenu à le pénétrer, n'est-ce pas parce qu'on n'avoit pas su s'élever à la hauteur de leurs conceptions, et que la pensée de leur siècle avoit toujours été plus étroite que leur pensée ? La parole expire en frappant une surface matte et opaque ; elle ne retentit que sur un corps élastique et sonore lui-même.

Enfin, combien de tems perdu en discussions métaphysiques, politiques ou morales, faute d'avoir pu s'assurer, par de certaines et faciles épreuves, de l'acception qu'on attachoit aux mots ! Si l'homme avec lequel je traite, appelle *or* ce que j'appelle *argent*, l'erreur est bientôt apperçue et rectifiée. Si le moraliste avec lequel je raisonne, appelle *sage*, une action que je trouve *condamnable*, la dernière chose que nous ferons tous les deux sera de soupçonner que ces deux, mots ont pour nous une acception identique, et nous aurons besoin d'un long discours pour réussir à nous transmettre nos mutuelles définitions.

Cependant, les idées abstraites et complexes sont, ainsi que nous le montrerons bientôt, les seules qui jouissent de l'auguste privilège de nous conduire à la science. Consolons-nous donc des efforts qu'elles nous coûtent, pour être bien déterminées ; et ne nous étonnons point, si le champ de notre intelligence a besoin, pour devenir fécond, d'être arrosé de nos sueurs.

Comme les mêmes causes qui occasionnent la variété des acceptions données aux signes parmi les hommes, déterminent aussi l'inconstance de celles qu'y attache un seul individu, nous devons conclure que la langue des idées abstraites et complexes, par-là même qu'elle prête davantage aux équivoques de ceux qui conversent, doit aussi être plus exposée aux infidélités de celui qui pense ; et qu'on ne se rappellera guères mieux la valeur qu'on a donnée aux signes de ces deux langues, qu'on ne devinera celle qu'y attachent les autres.

Si nous visitons maintenant en détail les quatre classes générales d'idées complexes que nous avons distinguées, nous n'aurons besoin que d'appliquer les plus simples conséquences des observations que nous venons de faire, pour reconnoître que celles qui seront formées d'idées sensibles, se détermineront plus facilement que celles qui résultent à-la-fois d'idées sensibles et d'idées abstraites ; et que ces dernières, à leur tour, se ressentiront moins des imperfections du langage, que les idées complexes formées d'idées abstraites et mixtes. Quant à celles des modes simples, elles demandent à faire le sujet de considérations particulières.

# CHAPITRE ONZIÈME.

*Propriétés des idées complexes des modes simples. Comment elles les rendent susceptibles d'une plus facile et plus exacte détermination.*

LES idées complexes de la quatrième classe, celles qui résultent d'idées abstraites - homogènes, et que nous avons appelées avec Locke *idées complexes des modes simples*, sont, de toutes, les plus propres à jouir d'une facile et claire détermination.

Deux raisons fondent cet avantage : elles le doivent à leur nature ; elles le doivent aux propriétés du langage qu'elles sont susceptibles de recevoir.

Commençons par étudier les effets qui appartiennent immédiatement à leur nature. Il faut distinguer deux choses dans les conditions dont se composent les idées complexes des modes simples : l'une est le caractère de leurs élémens ; l'autre, celui des combinaisons qui en sont faites.

Or, je remarque, en premier lieu, que les idées élémentaires qui servent de base aux idées complexes des modes simples, sont, de toutes celles qui peuvent fonder une combinaison, les plus faciles à discerner et à saisir.

D'abord, lorsque les élémens qui entrent dans la formation d'une idée complexe, sont variés de leur nature, comme il arrive pour toutes celles qui n'appartiennent point à la classe dont il s'agit, il faut un acte particulier de l'attention pour nous faire remarquer chacun d'entr'eux. Le tems exigé pour un semblable travail, sera donc en proportion du nombre de ces élémens ; les difficultés de ce travail, et les dangers de l'inexactitude seront en raison composée des difficultés et des risques attachés à la détermination particulière de chaque élément. Mais il n'en est point ainsi par rapport aux idées complexes des modes simples. Comme tous leurs élémens sont identiques, il suffit d'une simple opération de l'esprit pour fixer cette idée première qui, par sa seule répétition, donne naissance à toutes les autres. Quelque soit l'étendue de la combinaison que l'esprit veuille fixer, les élémens ne demanderont delui, ni un nouvel effort, ni un instant de plus. Ainsi, le mobile lancé sur une surface parfaitement plane, ne rencontrant aucun obstacle qui l'arrête dans sa route, franchit les plus grands espaces par le seul effort de la première impulsion qu'il a reçue.

Ce n'est pas tout encore ; et cette idée élémentaire elle-même qui devient l'unique fondement des idées complexes des modes simples, comparée à une autre idée abstraite quelconque, aura encore ordinairement sur elle l'avantage de présenter à l'esprit une notion plus facile à saisir. Si l'esprit ne réussit qu'avec peine à fixer une idée abstraite, trois raisons principales en sont cause ; l'une, qu'il ne peut arriver à elle, qu'après une longue suite de comparaisons ; la seconde, que les objets sur lesquels ces comparaisons sont établies, sont ou en très-grand nombre, ou de difficile accès pour nous ; la troisième enfin, que les rapports auxquels il est besoin de s'arrêter, y sont souvent confondus avec des rapports de même espèce , dont on ne peut le démêler que par l'observation la plus délicate. Or , ces trois raisons s'appliquent peu aux idées abstraites qui fondent les idées complexes des modes simples. Il n'est besoin que de distinguer deux objets l'un de l'autre , pour obtenir l'idée de l'*unité* ; il suffit de comparer deux corps, quels qu'ils soient, pour recevoir la notion abstraite de la *grandeur* ; tout mouvement nous donne l'idée du *lieu*, si nous le considérons en lui-même, et celle de la *durée,* si nous le considérons dans son rapport à notre existence. Chacun de ces objets est voisin de nous , et nous n'avons besoin que d'ouvrir les yeux, pour l'observer. Le rapport que nous y devons remarquer, ne s'y mêle point à d'autres rapports que l'esprit puisse confondre avec lui ; il a un caractère propre qui le fait de suite reconnoître ; il ne dépend d'aucune propriété intime ; il se montre à l'ignorant, comme au savant ; il résulte du fait le plus simple , qu'un corps existe , qu'il se meut, qu'il a une certaine mesure.

Si nous passons aux combinaisons formée de ces élémens, si nous en étudions le caractère, nous les verrons jouir aussi d'avantages très - remarquables. Je commence par les idées complexes des nombres, soit parce que ce sont celles qui les possèdent au plus haut dégré, soit parce qu'elles reparoissent dans toutes les autres idées des modes simples, et servent à leur commune estimation.

La nature de ces combinaisons nous permet d'établir entr'elles des analogies aussi précieuses que multipliées.

Et de même qu'en vertu de l'identité des élémens, nous les appercevions tous à-la-fois dans un seul, et que l'idée que nous avions du premier, nous donnoit celle de tous les autres ; dé même aussi, l'analogie des combinaisons permettra de rendre commune à plusieurs, la détermination que nous aurons faite de l'une d'entr'elles ; en sorte que, dans les plus simples combinaisons, nous aurons le modèle de toutes les combinaisons possibles.

Ainsi, dans les idées des modes simples, le travail de la composition sera aussi abrégé pour notre esprit, que celui de l'abstraction ; l'un et l'autre se réduiront aux opérations les plus simples et les plus faciles.

En effet, l'idée de l'unité une fois conçue, toutes les répétitions qu'on en pourra faire jusqu'à *cinq*, seront également claires et fixes. Car d'abord, quoique la nature de cet élément soit identique, son existence est séparée et distincte dans l'esprit ; une unité se distingue facilement d'une seconde unité. De plus, la collection qu'on en forme, en la bornant au nombre *cinq*, est assez simple pour qu'on puisse l'embrasser par une perception immédiate.

Or, dans ces quatre premières combinaisons 2, 3, 4, 5, nous trouverons le modèle de toutes celles qui devront suivre ; car il n'est besoin ou que de les assembler deux à deux, ou que de prendre deux fois la même pour obtenir l'idée de tous les nombres jusqu'à *dix* inclusivement.

Comme cette idée *dix* pourra servir d'élément à de nouvelles combinaisons, considérons-la comme si elle n'étoit qu'une simple unité ; ajoutons-la ensuite à elle-même, comme nous avions fait à l'égard de l'idée de l'unité. Exécutons cette opération un même nombre de fois, et sur un dessein absolument semblable à celui que nous avions suivi, en nous élevant de *un* à *cinq*, et de *cinq* à *dix* ; nous aurons un nouvel ordre de combinaisons, qui correspondra dans tous ses points avec la première série des combinaisons que nous avions faites.

Alors, il se trouvera que le même travail par lequel les idées des dix premiers nombres avoient été déterminées, suffira pour déterminer celles des diverses combinaisons de *dix* jusqu'à *cent*, et que celles-ci jouiront de toute la clarté répandue sur les premières.

Puisque dans le rapport de ces deux séries, l'idée *cent* correspond absolument à l'idée *dix* ; puisqu'elle tient sa place dans un ordre plus relevé, on pourra répéter sur elle cet heureux travail qu'on avoit exécuté sur l'idée *dix* ; on pourra l'envisager comme l'élément d'une composition nouvelle ; on pourra la convertir aussi en *unité*, et lui faire subir, en l'ajoutant à elle-même, une combinaison absolument parallèle à celle dont les idées *un* et *dix* avoient été la base. On aura une troisième série en tout semblable aux deux premières.

Or , puisque, en considérant toujours le dernier produit de la combinaison exécutée comme la matière de nouvelles opérations , en répétant toujours sur ce produit un travail semblable à celui dont la simple *unité* fut l'objet, on pourroit aller jusqu'à l'infini , sans jamais rencontrer d'obstacle qui forçât de changer de méthode , on verroit toutes les idées possibles des nombres se distribuer elles-mêmes en séries ordonnées sur le même modèle , et représentées de la manière la plus fidèle par la série simple et lumineuse des *dix* premières quantités.

Cependant, en réfléchissant sur la marche suivie pour la formation de ces diverses idées , il s'offre une observation nouvelle ; c'est que le nombre d'opérations nécessaire pour s'élever de *dix* à *cent* , est précisément égal à celles par lesquelles on s'étoit élevé de *un* à *dix* ; qu'il en faut encore un même nombre pour s'élever de *cent* à *mille* , autant pour aller de *mille* à *dix mille* , etc. ; qu'un intervalle égal séparera ainsi tous les ordres de combinaisons ; et que par conséquent, en se représentant cet intervalle comme une unité, la

série des nombres naturels 1, 2, 3, 4, etc.
nous représentera précisément la série
formée par les divers ordres des combinaisons.

Dès-lors, rien ne sera plus facile que de
déterminer l'idée d'un nombre quelconque
placé ou dans les dixaines, ou dans les
centaines, ou dans les mille. Il suffira en
effet pour cela, de deux conditions simples ;
l'une de fixer l'ordre de combinaison à
laquelle il appartient, si ce sont les *centaines* ou les *milles* ; la seconde de fixer
la place qu'il occupe dans cet ordre de
combinaisons , si c'est la première, la
seconde , etc. Or, pour fixer ces deux
conditions , on n'aura besoin que de deux
idées puisées dans les notions si simples de
la série primitive et fondamentale ; celle
des dix premiers nombres. Ainsi, pour
dire *cinq mille* , on dira : le nombre qui
occupe la *cinquième* place dans le quatrième
ordre de combinaison.

Quant aux nombres intermédiaires qui
séparent les *dixaines* , les *centaines* , les
*mille* , comme ils ne sont qu'un composé
mélangé de ces diverses espèces, ils n'exi-

gent que la réunion des opérations nécessaires pour chacune d'entr'elles.

Classant maintenant les propriétés que je viens de remarquer dans les idées des quantités, je les réduits à cinq principales.

1°. Identité entre tous les élémens primitifs ; et par-là même, identité entre toutes les combinaisons qui les renferment en nombre égal.

2°. Analogie de tous les élémens qui servent à fonder une série, soit entr'eux, soit avec l'unité primitive ; c'est-à-dire, analogie de *dix* à *cent*, de *cent* à *mille*, etc. et de chacun d'eux avec *l'unité*.

3°. Analogie entre les diverses séries formées de la combinaison de ces divers élémens, analogie de toutes ces séries avec celle que forment les dix premières quantités.

4°. Analogie entre l'idée d'une quantité placée dans un rang quelconque d'une série, avec l'idée de celle qui occupe un rang correspondant dans une autre série ; leur analogie commune avec celle qui figure à la même place dans la série des nombres simples, c'est-à-dire, analogie de *trente* à *trois cents*, et de tous deux avec *trois*.

5<sup>e</sup>. Enfin, analogie entre l'ordre marqué par la formation successive de ces séries, et celui des nombres naturels ; ou, pour emprunter le langage des mathématiciens, le rapport des puissances à leurs exposans.

On voit que ces quatre dernières propriétés ont toutes leur origine dans la première, qu'elles la supposent comme leur condition essentielle. En effet, si on ne supposoit pas $1 = 1$, il se pourroit que $10$ ne fût pas $= 10$ ; et que $20$ ne fût plus le double de ce dernier nombre, etc. : il n'y auroit plus de fixité dans aucun des rapports qui lieroient les diverses combinaisons.

Il faut observer que nous aurions fort bien pu , en nous formant l'idée de ces diverses combinaisons , ne pas suivre la route simple que nous traçoient leurs analogies ; mais ces rapports n'en eussent pas moins subsisté entr'elles , quoique nous ne les eussions point pris pour guides. Et lorsque nous avons su en effet les remarquer , nous n'avons fait que nous les approprier et nous en servir , nous ne leur avons point donné l'être.

Si, en traçant l'histoire de la génération

de ces idées, j'ai suivi la progression décuple, c'est que c'est en effet l'ordre auquel les hommes ont coutume de se conformer pour les obtenir. Ce n'est pas qu'on n'eût pu également s'arrêter à quelqu'un des nombres qui composent la première série, pour exécuter sur lui toutes les opérations que l'on fait sur le nombre *dix*. Mais une raison simple a fait préférer ce dernier à presque tous les peuples, quoiqu'on n'ait peut-être pas toujours su s'en rendre compte ; c'est que le nombre *cinq* étant le plus élevé de ceux que l'esprit peut embrasser clairement par une perception immédiate, c'est que le nombre *dix* étant le double de celui-ci, on réunissoit par-là la plus grande étendue à la plus grande clarté, dans la quantité qui devoit servir de fondement aux combinaisons supérieures. On eût été plus lentement, en partant du nombre *huit* ; on eût eu une base moins simple, en partant des nombres *onze* ou *douze*.

D'ailleurs, comme l'observe judicieusement Condillac, la nature nous avoit donné, dans le nombre de nos doigts, le modèle de cet ordre de combinaison ; et comme la digitation fut, sans doute, notre première manière de compter, on dut rester fidèle à la marche qu'elle nous avoit fait suivre, lorsqu'on recourut à des moyens plus parfaits.

Les mêmes observations se représentent à-peu-près, en étudiant les idées des grandeurs ; je les parcourrai rapidement.

Toute ligne droite peut être considérée comme le résultat de plusieurs lignes droites égales entr'elles, c'est-à-dire, comme le produit d'une certaine ligne droite ajoutée plusieurs fois à elle-même. Donc une première ligne étant déterminée, toutes les autres lignes plus étendues le seront aussi par-là même ; et il ne sera besoin que de répéter plus ou moins la première opération. C'est ce que nous faisons en mesurant. Nous appelons *ligne*, *pouce*, *pied* ou *toise*, l'idée élémentaire ; et nous ne faisons que la reproduire pour évaluer toute étendue possible.

La même ligne, en se répétant elle-même mais dans une autre direction, par des angles toujours égaux, donnera naissance à une figure que nous appellerons *régu-*

*lière*. L'idée d'un de ses côtés, leur inclinaison réciproque, étant déterminées, l'idée totale de la figure se trouvera par là même fixée comme elles.

Ce n'est pas tout ; une autre ligne, en se répétant aussi elle-même autant de fois que celle dont je viens de parler s'étoit répétée pour donner cette première figure, et subissant à chacune de ses renaissances une inflexion égale, donnera l'être à une seconde figure régulière comme la première, et qui lui sera semblable en toutes choses. Elle trouvera donc dans celle-ci les conditions de sa propre détermination, puisque les deux lignes élémentaires peuvent être évaluées l'une par l'autre, et que d'ailleurs elles suivent un système parallèlle dans les combinaisons qu'elles forment.

Un plan peut être considéré comme engendré par une ligne qui se reproduiroit elle-même un certain nombre de fois, ou, si l'on veut, comme le produit de deux dimensions. Ainsi, il suffira de déterminer deux lignes fondamentales, pour concevoir l'idée d'une furface régulière, et d'avoir fixé la mesure d'une seule ligne, pour avoir celle d'un quarré. Or, il n'est pas de surface qu'on ne puisse rappeler au quarré, comme il n'est pas de ligne qu'on ne puisse rappeler à la ligne élémentaire. (1)

En supposant que les lignes qui enferment une surface, forment une figure semblable, ces surfaces seront semblables aussi, et l'une sera déterminée par l'autre ; toutes les deux le seront par les lignes génératrices de la première.

Un solide peut être considéré comme engendré par le mouvement, c'est-à-dire, par la répétition d'une surface ; ou, si l'on veut, comme le produit de trois dimen-

---

(1) Je n'ai garde de dire ici que dans l'ordre naturel de la génération des idées, on obtienne l'idée de la ligne avant celle de la surface, ni celle de la surface avant celle du solide. Je sais très-bien que l'idée de la surface est une abstraction obtenue par la décomposition du solide, et que l'idée de la ligne est à son tour une abstraction de notre esprit, exécutée sur l'idée de la surface.

Je veux seulement dire, ce que personne ne me contestera, que nous estimons une surface par le produit de deux lignes, comme une ligne par l'addition de deux autres, et qu'enfin nous mesurons un solide par le produit de trois lignes.

sions. De-là 1°. , les rapports des solides entr'eux, et leurs rapports communs et un premier solide élémentaire ; 2°. leurs rapports à leurs surfaces génératrices, à l'analogie des rapports qui subsistent entre certains solides, avec les rapports qui se trouvent entre les surfaces correspondantes; 3°. leurs rapports avec les figures formées par des lignes, avec les lignes elles-mêmes. Et toutes ces propriétés viennent se terminer à celle-ci : que l'évaluation de l'idée complexe d'un solide quelconque, se trouve renfermée dans celle de la ligne génératrice élémentaire ; et qu'ayant déterminé celle-ci, on n'a besoin que de répéter cette opération, pour concevoir une grandeur quelconque.

Je ne parle point des idées du temps et des mouvemens ; les premières s'estiment par les idées des quantités appliquées à l'idée d'un instant, c'est-à-dire, en prenant l'instant pour unité ; les autres s'estiment par les idées du tems appliquées à celles de l'étendue ; elles nous reconduiroient donc aux mêmes propriétés.

Une conséquence générale résulte des vérités contenues dans ce chapitre; c'est que, pour déterminer les idées les plus complexes, prises dans la classe des modes simples, il suffit de leur appliquer les mêmes opérations qu'on avoit exécutées sur les plus faciles, c'est que toutes ces idées servent à se fixer les unes les autres, parce que, dans leur génération, elles se sont formées par des conditions absolument semblables ; c'est qu'enfin, cette grande propriété est la conséquence nécessaire de l'identité qui subsiste entre leurs élémens, qu'ainsi elle est inhérente à leur nature, et particulière à elles seules.

# CHAPITRE DOUZIÈME.

*Suite du précédent. De la langue particulière que les idées des modes simples sont capables de recevoir. Avantages de cette langue, raisons sur lesquelles ils sont fondés.*

VENONS aux propriétés des signes dont les idées des modes simples ont été revêtues, et ne nous contentons point d'observer les heureux effets qui en sont résultés; cherchons aussi quelles sont les causes qui leur ont donné naissance.

Je commence par la langue des nombres.

Il y en a deux espèces : celle des mots, celle des chiffres.

L'une et l'autre renferment dans un dégré très-éminent, ce caractère d'analogie, qui, ainsi que nous l'avons souvent remarqué, seconde si puissamment notre esprit dans le travail, par lequel il détermine ses propres idées.

Nous avons distingué deux sortes d'analogies ; l'une sensible, l'autre logique. La première peut convenir au signe de l'idée élémentaire des quantités, et la seconde, aux signes des diverses combinaisons.

Il n'étoit rien de si facile que de trouver, pour l'idée élémentaire de l'unité, un signe parfaitement imitatif. Il suffisoit d'en choisir un, dont la simplicité fût le caractère le plus remarquable. On se servit d'abord du doigt, puis, dans l'écriture d'une ligne droite, et dans le langage articulé d'un son simple. Ce procédé fut commun à presque toutes les nations. Cependant le mot fut, en cette rencontre, bien moins imitatif que le chiffre. Aussi, quoique toujours également simple, fut-il d'ailleurs assez différent dans les diverses langues.

L'analogie sensible des signes attachés aux idées des nombres, n'étoit pas, an reste, d'une très-grande importance ; car elle ne pouvoit servir qu'à faire mieux déterminer l'idée de l'unité, et ce n'étoit guère, dans ce travail, que l'esprit pouvoit avoir besoin de secours.

Quant à l'analogie que nous avons appelé

*logique* , elle pouvoit ici se reproduire de quatre manières différentes.

La première eût consisté à donner, aux idées complexes des nombres formant la première série, des signes composés dont la formation représentât parfaitement celle de ces idées. Or, comme chacune de ces quantités n'étoit que l'unité répétée un certain nombre de fois, il suffisoit que le signe simple se répétât de même pour former le signe complexe.

Telle fut, sans doute, dans l'origine, la forme des chiffres arabes que nous employons aujourd'hui. 2 se formoit de deux traits simples ; 3 étoit la réunion de trois lignes semblables, et ainsi de suite. Mais cette analogie a été altérée, et ses traces sont peu remarquables pour nous.

Elle est frappante au contraire dans les chiffres romains , et l'on y rencontre même une nouvelle preuve de ce que nous disions tout-à-l'heure , que l'idée *dix* s'est formée par le double de *cinq* ; car le signe V est celui qui forme le point de repos dans la série des dix premiers chiffres romains , et le signe X se forme précisément d'un double V.

On chercheroit envain cette analogie dans les noms que nos langues ont donnés aux neuf premières idées complexes des nombres. Mais il faut peu s'affliger de son absence ; car ce n'est pas encore, dans de si faciles combinaisons, que leur appui peut nous devenir très-utile.

Les trois autres espèces d'analogies consistent à transporter, dans le systême de nos signes, des rapports semblables à ceux que nous avons remarqué dans le systême des idées que nous nous sommes formées des nombres.

Et d'abord, comme les élémens employés dans les divers ordres de combinaison, se correspondoient entre eux, et correspondoient tous à l'unité, par la similitude des fonctions que notre esprit leur faisoit remplir, on pouvoit faire correspondre entre eux, et au signe de l'unité, les signes qui devoient servir à les exprimer, en leur donnant une configuration semblable.

Cette propriété se retrouve au plus haut dégré dans les chiffres arabes. Un même signe est employé à exprimer les idées 1, 10, 100, 1000, *etc*. Le rang qu'il occupe dans la numération, avertit seul de sa valeur. Pouvoit-on imaginer rien de plus simple et de plus heureux, que d'employer le même signe là où il y avoit idendité de fonctions ; si d'ailleurs on avoit un moyen suffisant pour empêcher de confondre les unités d'un ordre avec celles d'un autre ordre ?

Les chiffres romains jouissent aussi de cette propriété, quoiqu'elle s'y montre moins parfaite. X, C, M, sont analogues au signe I, en ce qu'ils réunissent, sous un signe unique, les idées des quantités qui se trouvent exprimées par un détail de plusieurs signes dans les nombres intermédiaires, et en ce qu'ils avertissent ainsi, que ces quantités vont servir d'élémens aux combinaisons subséquentes.

Cette propriété est moins sensible encore dans les noms que nos langues donnent aux nombres *dix, cent, mille, millions, milliard*. Dans les deux premiers, elle résulte de la simplicité des mots, dans les trois autres, de l'analogie réciproque qui est entre eux.

En second lieu, comme toutes les séries, formées dans les divers ordres de combinaisons, par les idées des quantités, se trouvoient correspondre parfaitement entre elles, et qu'ainsi, une quantité quelconque appartenant à un ordre quelconque de combinaisons, se trouvoit, en quelque sorte, représentée par celle qui occupoit la même place dans la première série, on put aussi établir des rapports de similitude entre les diverses séries de signes destinés à les exprimer, et rattacher tous ces rapports au signe du nombre simple de la première série, comme à leur commune origine.

Et c'est encore ce que nous retrouvons, d'une manière admirable, dans les chiffres arabes. Ils nous présentent toujours le même signe, pour toutes les quantités correspondantes dans les divers ordres de combinaison, comme ils avoient fait pour les différentes unités ; ils nous donnent ensuite le moyen de distinguer leur valeur relative par la place que nous leur assignons dans la numération. Ainsi 2 nous sert également pour exprimer *vingt*, ou *deux cents*, ou *deux mille*, suivant la tranche dans laquelle il est situé.

Cette seconde espèce d'analogie est également très-remarquable dans les chiffres romains, où l'on voit que XX, CC, MM, répondent très-bien à II, et ainsi pour les autres.

Elle existe, mais d'une manière moins sensible dans la langue française. Notre mot *vingt* ne répond point à *deux* (1) ; mais *trente*, *quarante*, *cinquante*, etc., ne répondent pas mal à *trois*, *quatre*, *cinq*, etc.

Enfin la troisième sorte d'analogie consiste à transporter dans le système de nos signes, des rapports correspondans à ceux qui se trouvent dans le système des quantités, entre les différens ordres de combinaisons, et la suite des nombres naturels ; de sorte qu'à mesure que l'esprit s'avance dans la composition de ses idées, un caractère nouveau, revêtu par son signe, l'avertisse du nombre de pas qu'il a faits.

Les chiffres arabes remplissent aussi bien cette fin que les précédens. C'est par le moyen le plus simple qu'ils y réussissent. La suite des chiffres placés les uns près des autres, annoncent le dégré de

----

(1) Les allemands et les anglois sont à cet égard plus heureux que nous. Leurs mots : *zwankig*, *twenty*, (vingt) répondent assez bien à ceux-ci : *zwey*, *two* (deux).

combinaison qu'ils représentent. A mesure qu'en allant de droite à gauche, on recule d'un rang, on est averti qu'on s'élève à des quantités de l'ordre qui se trouve immédiatement supérieur à celui qu'on occupoit. C'est une sorte d'échelle qui annonce à l'esprit, à quelles hauteurs sont les régions dans lesquelles il se trouve transporté.

On chercheroit envain cette importante propriété dans les chiffres romains, et dans les noms donnés par nos langues aux divers ordres de combinaisons. On n'y trouve rien qui serve à noter le dégré d'élévation qui appartient à chacun d'eux.

On conçoit quel est l'avantage que donne aux chiffres arabes, la réunion de cette dernière propriété avec les deux précédentes. Car, pendant que le chiffre nous avertit, d'un côté, par lui-même, du rang que la quantité désignée par lui, occupe dans sa série, la place assignée à ce chiffre dans la numération, nous annonce quelle est en effet cette série; nous retrouvons donc ainsi, dans nos signes, la simple et infaillible indication des deux conditions nécessaires pour fixer l'idée d'une quantité, et de même que les idées composant la première série des nombres, nous suffisoient pour déterminer celles de tous les nombres plus élevés, les signes affectés à cette première série, nous suffiront aussi pour exprimer une quantité quelconque, quelque composée qu'elle puisse être.

Ainsi l'analogie qui appartenoit déjà aux idées complexes des nombres, et qui nous étoit si utile pour les déterminer avec exactitude, se trouvera encore merveilleusement secondée par l'analogie des signes ; et lorsque ces idées appartiennent à une combinaison un peu élevée, un semblable secours n'est point à négliger. Car, quoique le rapport qui lie les idées les plus complexes aux plus simples, nous fournisse un moyen très-facile de les déterminer, et nous permette, comme nous l'avons montré, de leur appliquer les mêmes opérations que nous avons exécutées sur celles-ci, il ne suffit pas que ce rapport existe pour que nous jouissions en effet de cet avantage, il faut qu'il soit apperçu par nous, qu'il soit présent à notre esprit, pour qu'il puisse lui servir de guide. Or, comme à commencer après l'idée de *cinq*, les idées complexes des nombres ne peuvent plus être embrassées par l'esprit, ce rapport ne peut plus être immédiatement remarqué, il faut que la mémoire se charge de nous le rappeler, en nous retraçant le signe auquel il a été uni. Mais pourroit-elle toujours répondre à notre demande, pourroit-elle suffire à tout ce travail, si les signes, qui représentent ces quantités, étoient tous différens entre eux, s'ils ne renfermoient aucun indice des rapports auxquels ils doivent nous reconduire? Et si elle commettoit en effet quelqu'infidélité, si elle prêtoit en effet, à un signe, la valeur qui appartient à un autre; quel moyen aurions-nous de nous en appercevoir, avant d'être arrivés au terme de nos opérations?

Lorsqu'au contraire, nous retrouvons, entre nos signes, les mêmes liaisons, qui subsistent entre nos idées, lorsqu'ils nous offrent la fidèle image de leur génération, toute méprise est impossible. Si elle avoit lieu, elle seroit rectifiée de suite. La mémoire ne sauroit plus être effrayée du travail qu'on lui demande ; nos sens s'en chargent et la préviennent. ...

Si nous rassemblons maintenant, sous une seule perspective, les réflexions que nous venons de faire sur la langue des nombres, elles nous conduiront à quatre conséquences principales.

La première, c'est que l'analogie *logique* des signes dont se compose la langue des nombres, est la cause à laquelle nous sommes redevables des secours singuliers qu'elle nous prête pour la détermination de nos idées.

La seconde, c'est que cette analogie ne nous est en effet si utile, que parce qu'elle sert à nous reconduire aux rapports qui existent entre les idées que ces signes représentent.

La troisième, c'est que cette propriété particulière aux signes des quantités, a sa source et sa condition essentielle dans la nature même des idées qu'ils représentent ; car cette propriété ne résulte que de la fidélité avec laquelle ces signes imitent et reproduisent les analogies que présentoit déjà le système de ces idées.

La quatrième enfin, c'est que cette propriété des signes affectés aux idées des nombres, est pour nous un secours utile dans la détermination de nos idées, mais non point une condition nécessaire et indispensable, dont l'absence rendit ce travail impossible.

Et si nous comparons ces résultats à la doctrine exposée par Condillac, dans son ouvrage posthume intitulé : *La langue du calcul*, nous les trouverons en opposition avec elle dans les deux points fondamentaux sur lesquels elle repose.

Condillac a cru que, si nous dépouillons la langue du calcul de ce caractère particulier d'analogie qui la distingue, nous retomberions, à l'égard des idées des nombres, dans la même confusion et le même embarras que nous éprouvons à l'égard des idées d'une autre espèce ; et c'est-là sa première erreur. Lors même que nous serions privés de ces heureux indices qui rappellent à l'œil ou à l'oreille le rapport des quantités, il resteroit toujours à ces idées un grand avantage sur celles des modes mixtes, celui qui résulte de leur seule nature. Prenons deux signes également arbitraires, dont l'un représente une idée

complexe , composée d'élémens hétérogè-
nes, dont l'autre exprime une idée de nombre. Celui-ci n'exige que deux choses de
l'attention et de la mémoire ; que l'une
nous rappelle , que l'autre remarque et re-
connoisse, 1º. le rapport de ce nombre avec
celui qui, dans la première série, occupe
une place correspondante ; 2º. le rapport
du dégré de combinaison qui a donné naissance à cette série , avec un des nombres
primitifs, rapports que nous avons vu être
toujours fort simples eux - mêmes. Le signe de l'idée du mode mixte demande
bien plus à ces deux facultés. Nous avons
besoin de nous retracer et de remarquer,
1º. le rapport distinct de chaque idée élémentaire, avec le grouppe intermédiaire
auquel il appartient, c'est-à-dire , autant
de rapports que l'idée complexe contient
d'élémens ; 2º. le rapport de chaque grouppe
intermédiaire au grouppe total, c'est - à -
dire , encore autant de rapports qu'il y a
d'idées intermédiaires qui servent à sa formation. En deux mots , pour fixer une idée
complexe de nombre , il suffit de déterminer combien de fois l'idée élémentaire a
dû être répétée ; pour fixer une idée com-

plexe de mode mixte, il faut en outre déterminer la nature particulière de chacun
des élémens qui la constituent.

Aussi quoique, dans nos langues, les
mots *cent* et *mille* n'ayent presqu'aucun
rapport sensible aux mots *un* et *dix*, un
artisan, un laboureur, qui ne sauront ni
lire, ni écrire, pourront fort bien en fixer
la valeur d'une manière infaillible, et ne
se tromperont point, s'ils ont besoin de
compter une somme qui y réponde.

Lorsqu'on rencontre des nations sauvages, qui ne se sont pas élevées à des idées
fort complexes des quantités, il n'en faut
donc pas chercher l'unique cause dans
l'imperfection de leur langage; il faut l'attribuer aussi à ce que leur attention est
trop distraite, ou trop peu exercée, pour
remarquer les rapports qu'établissent entre
ces idées, les lois de leur génération; il faut
l'attribuer en même tems, à ce que la
nature de leurs besoins ne leur a pas fait
encore attacher un très-grand intérêt à
fixer les idées des quantités plus étendues;
car ce sont sur-tout les relations engen-
drées par la civilisation sociale, qui nous

font sentir la nécessité des idées très-complexes des nombres. (1)

Que si, plus heureux qu'elles, nous nous sommes faits un langage plus propre à seconder notre esprit dans la formation de ces idées, il ne faut pas nous attribuer le mérite d'avoir su prévoir d'avance les secours qu'il nous prêteroit ; nous y avons été tout naturellement conduits par les rapports eux-mêmes qui s'offroient entre nos idées ; nous y avons apperçu un moyen de faire servir les mêmes signes à l'expression des différens nombres, et notre paresse s'est bien trouvée d'une méthode qui nous dispensoit de multiplier à l'infini les élé-

---

(1) On peut remarquer que les enfans ont, dans le commencement, assez de peine à se mettre dans la tête les idées des nombres naturels, malgré les secours que leur offrent nos signes. Or, les hordes sauvages sont des peuples d'enfans.

On sait d'ailleurs, que parmi les peuplades découvertes par Kook, il s'en est trouvé qui avoint adopté des méthodes plus commodes pour la numération, et qui cependant n'avoient pas fait de plus grands progrès. En général ces progrès correspondent à ceux de la civilisation, et en sont la suite, nous en verrons la preuve dans la section suivante.

mens de notre langage. Loin donc que ce soit l'analogie de nos signes qui nous ait fait remarquer celle qui existoit entre les quantités, c'est l'analogie de nos idées qui est devenue l'occasion de la naissance d'un langage parfaitement imitatif.

Condillac s'est persuadé encore qu'on pourroit prêter à toutes les classes de nos idées, un langage semblable à celui qu'ont reçu les idées des nombres ; et c'est ici la seconde erreur. En effet, nous venons de voir que tous les avantages de la langue du calcul, sont fondés sur les rapports qui existent entre les idées qu'elle est destinée à exprimer. Mais nous avions démontré précédemment que tous les rapports d'analogie qui subsistent entre les diverses idées des nombres, et qui sont ensuite reproduits dans les signes, dérivent essentiellement de cette propriété particulière aux idées des modes simples, qui consiste dans l'identité de leurs élémens. Dans la langue du calcul, le signe, pour être analogue, n'a besoin que d'imiter les deux conditions très-simples sur lesquelles son idée repose; dans la langue des modes mixtes, il devroit réunir toutes les conditions qui appartiennent à chacun des élémens dont résulte chacune d'entr'elles. Il est donc aussi impossible de prêter à celle-ci la langue employée pour les nombres, que de faire revêtir à un géant l'habit fait à la mesure d'un nain.

On ne pouvoit espérer de porter aussi facilement la langue des grandeurs, à la perfection dont jouit celle des nombres; car les idées complexes s'y déterminent par des conditions plus nombreuses et plus variées. Ce n'est point assez d'avoir fixé l'étendue des côtés qui forment une figure; il faut encore en marquer le nombre; il faut observer leur réciproque inclinaison. De plus, on n'a pas apporté les mêmes soins dans le choix des signes dont cette langue est composée; soit qu'on en ait moins senti l'importance, soit que souvent on ait donné des noms à certaines figures avant d'avoir apprécié les rapports qu'elles avoient avec les grandeurs déjà connues. Nous ne devons donc pas nous attendre à retrouver dans cette langue, les mêmes propriétés que nous avons observées dans celle des nombres. Elle nous offrira cependant encore un haut dégré d'analogie ; et nous ne saurions douter que les géomètres n'y puisent d'utiles secours pour la détermination de leurs idées.

Je ne connois aucune langue qui ait donné à l'idée élémentaire de la ligne de la surface ou du solide, un nom qui nous offre cette analogie que j'ai appelée *sensible*. Le mot *mètre* lui-même nous rappelle seulement celui de *mesure*, qui sert à désigner l'usage que l'on en doit faire ; mais qui, dans son acception propre, est tout aussi arbitraire.

Il n'en est pas des idées des grandeurs comme de celles des nombres dont les élémens sont simples, fixes pour chacun, et peuvent être obtenues par une abstraction facile. Toute grandeur que nos sens nous permettent d'appercevoir, est essentiellement complexe ; et si elle renferme des élémens vraiment indivisibles, comme nous ne pouvons les atteindre par nos observations, nous ne pouvons aussi en fixer le nombre. Il a donc fallu s'accorder pour choisir une grandeur commune qui fût regardée comme le principe de toutes les autres ; nos yeux et nos mains peuvent seuls fixer la condition de cet accord. De-là vient l'impossibilité de donner un nom analogue à la ligne élémentaire ; puisque la propriété essentielle de cette idée n'étoit point connue, on ne pouvoit la reproduire dans son signe.

Les anciens noms que nous avions donnés aux différentes mesures de la ligne, n'avoient entr'eux aucun rapport qui correspondît à ceux de ces mesures ; l'analogie de la seconde espèce ne s'y retrouvoit donc pas davantage que la première.

Les noms choisis parmi nous pour représenter les différentes mesures de la ligne, dans le nouveau systême métrique, nous offrent à cet égard la propriété qui manquoit aux anciens. L'analogie y est parfaite et soutenue ; car le mot *mètre*, répété dans chacun, nous rappelle d'abord l'élément primitif qui a servi à la formation des mesures correspondantes ; et les noms de nombre qui y sont joints, nous apprennent combien de fois cet élément a été répété dans chacune d'elles.

Il est vrai que ces noms de nombre y sont souvent pris dans le grec ; mais outre que, dans le grec même, ils conservent

quelque analogie avec les noms correspondans en français, c'est un travail très-
facile à la mémoire que de lier trois ou
quatre signes étrangers à nos mots *dix*,
*cent*, *mille*, etc. D'ailleurs, on a trouvé
un avantage très-remarquable à emprunter
ainsi les signes de la numération grecque ;
c'est que le nouveau systême métrique ne
devant pas être seulement à l'usage des
Français, mais devant servir à rappeler
plusieurs nations à un mode commun de
mensuration, il eût été fort ridicule de
lui donner pour base les analogies de notre
propre langue ; et il a été fort sage, au
contraire, de les puiser dans une langue
qu'étudient également tous les peuples
éclairés, et qui est en possession d'être
regardée comme l'idiôme commun et pri-
vilégié du monde savant.

Notre systême métrique retire encore un
très-grand avantage de sa conformité avec
la progression décuple que nous avons vue
être la base de nos méthodes de calcul ;
il participe par-là aux précieuses propriétés que nous avons remarquées dans l'uni-
formité des lois de cette progression ; et
puisque la géométrie exige à chaque ins-

tant l'application des calculs arithmé-
tiques, il étoit naturel d'y conserver à ces
calculs leurs lois et les procédés ordinaires ;
il étoit absurde de créer, dans le systême
des mesures, une arithmétique particulière. Quoique les noms du nouveau systême aient paru barbares et sauvages aux
ignorans, quoique leur introduction nous
arrachant à nos habitudes, doive éprouver
quelque résistance, ne doutons point qu'on
en sentira bientôt toute l'utilité ; et espé-
rons que notre exemple sera bientôt suivi
par les autres peuples, si un puéril amour-
propre ne l'emporte pas snr le sentiment
des convenances générales.

La plupart des mots employés par les
géomètres pour les figures rectilignes, ont
une analogie logique, plus ou moins frappante, avec les conditions dont se composent ces figures. *Triangle* rappelle
évidemment trois angles ; *quarré* nous
reconduit à quatre ; *pentagone, hexagone,*
etc., annoncent à ceux qui connoissent
la numération grecque, cinq, six côtés,
etc. ; *rectangle* indique la présence d'un
angle droit. Les mots *diagonale, hypothe-
nuse, trapèze,* ont aussi leur raison dans

le grec, qui fut la langue de nos maîtres
en géométrie

Cette analogie s'est moins reproduite
dans les noms des courbes ; et la raison en
est dans l'impossibilité où l'on étoit, tout-
à-la-fois, de dénombrer les côtés dont elles
sont formées, d'évaluer l'inclinaison réciproque de ces côtés, enfin d'estimer leur
rapport à une ligne droite déterminée.
Mais a on été plus heureux pour les droites
qui s'y rapportent ; on les a nommées
d'après les fonctions qu'elles remplissent.
De-là ces mots *sécante*, *tangente*, *cotan-
gente*, *etc.*

Les géomètres avoient trouvé un moyen
simple pour établir entre les signes des
surfaces ou des solides élémentaires, et ceux
de leur ligne génératrice, un rapport correspondant à celui de leurs idées, et qui,
par-là, devint capable de le rappeler. Ils
répétoient le signe même attaché à la mesure de cette ligne, er y joignoient simplement les mots *quarré* ou *cube*, qui
annonçoient que cette ligne avoit dû se
multiplier une ou deux fois elle-même pour
engendrer ces produits.

Ils avoient de même transporté, dans les noms des surfaces ou des solides composés, ceux qu'ils avoient déjà assignés aux figures linéaires, en y ajoutant seulement une terminaison qui servît à rappeler qu'elles avoient servi, dans ce cas, à engendrer un solide ou une surface. De-là ces mots : *triangulaire, parallélogramme ;* et ceux-ci : *pentaèdre, hexaèdre, heptaedre,* etc.

On ne retrouve point cette analogie dans les mots *sphere, cône,* etc.

On conçoit pour quelle raison on n'a pu donner une parfaite analogie aux signes des figures irrégulières, ni à ceux des surfaces ou des solides qu'elles engendrent ; leurs conditions n'étant point déterminées, on étoit hors d'état d'en reproduire l'indice dans les noms qu'on leur donnoit.

Les noms vulgaires employés jusqu'ici parmi nous pour exprimer les mesures des différens solides, n'avoient aucune analogie, ni entr'eux, ni avec les lignes génératrices ; le nouveau système métrique leur a rendu cette précieuse propriété.

L'analogie de la langue géométrique nous donne lieu aux mêmes réflexions que

telle dont jouit la langue des nombres.
Si elle nous aide à mieux déterminer nos
idées, c'est qu'elle nous reconduit aux rapports de ces idées elles-mêmes. Si elle est
devenue si parfaite, c'est que les rapports
de ces idées lui présentoient un modèle
auquel elle pouvoit se conformer, des
conditions simples qu'elle pouvoit imiter.
Enfin, elle doit à-la-fois, et son utilité, et
son existence, à cette propriété primitive
et essentielle qui résulte, dans les idées
des grandeurs, de l'identité de leurs
élémens.

Il est un dernier avantage également
commun à la langue des nombres et à la
langue géométrique, et dont l'observation
terminera pour nous ce tableau ; c'est
qu'il ne se trouve, dans ces notions complexes, aucune idée ou fondamentale ou
intermédiaire qui n'ait déjà reçu son signe
particulier ; et qui ne puisse ainsi retrouver, dans le signe composé, un indice par
lequel nous serons avertis de sa présence
dans l'idée complexe elle-même.

Ne nous étonnons donc plus si les idées
complexes des modes simples, se sont
moins ressenties que les autres, de l'im-

perfection du travail par lequel nous avons
créé nos langues, si même elles ont presqu'entièrement échappé à son influence,
et posons désormais en maxime, qu'elles
ont dû ce privilège à leur propre nature.


FIN DE LA PREMIÈRE SECTION.